包公原来是这样

李开周 著

中国法制出版社
CHINA LEGAL PUBLISHING HOUSE

图书在版编目(CIP)数据

包公原来是这样 / 李开周著．—北京：中国法制出版社，2019.4
（李开周说宋史）
ISBN 978-7-5216-0018-6

Ⅰ.①包…　Ⅱ.①李…　Ⅲ.①包拯（999-1062）—生平事迹
Ⅳ.①K827=441

中国版本图书馆CIP数据核字（2019）第021822号

策划编辑：胡　艺(ngaihu@gmail.com)
责任编辑：胡　艺　周熔希　　　封面设计：汪要军

包公原来是这样
BAOGONG YUANLAI SHI ZHEYANG
著者 / 李开周
经销 / 新华书店
印刷 / 三河市国英印务有限公司
开本 / 710毫米×1000毫米　16开　　　印张 / 13　字数 / 198千
版次 / 2019年4月第1版　　　2019年4月第1次印刷

中国法制出版社出版
书号ISBN 978-7-5216-0018-6　　　定价：39.80元

北京西单横二条2号　邮政编码100031　　　传真：010-66031119
网址：**http://www.zgfzs.com**　　　**编辑部电话：010-66038703**
市场营销部电话：010-66017726　　　**邮购部电话：010-66033288**
（如有印装质量问题，请与本社印务部联系调换。电话：010-66032926）

序　言

包青天是怎样“产生”的

2016年初冬，我到台湾地区做一档节目。节目开场前，陪两位主持人聊天，他们听说我来自河南开封，马上兴奋起来：“开封哦，我们知道，包青天在那里做过官！”然后一位主持人开始唱：

开封有个包青天，
铁面无私辨忠奸。
江湖豪杰来相助，
王朝和马汉在身边……

是的，这是当年热播电视剧《包青天》的主题曲，由胡瓜演唱，节奏铿锵，旋律简单好唱。

那档节目本来是讲宋朝茶道的，但是主持人对包青天这个话题更感兴趣，所以在直播完茶道之后，我们又临时录了一期包青天。

包青天的知名度确实很高，不只在台湾地区，即使到了美国、日本、韩国、泰国和澳大利亚，随便问一个在当地居住多年的华人，对方未必知道宋朝，但是一般都知道包青天。

做一个清官有多难

包青天名叫包拯，宋朝人，宋朝最有名的清官，也可能是中国历史上最有名的清官。

清官当然受人欢迎。不管在什么时代，民众都反对贪官，支持清官。因为清官会为民众伸张正义，而贪官则从民众的腰包里掏钱。皇帝也喜欢清官，因为清官可以延长帝王统治的时间，而贪官闹得天怒人怨，会加快王朝灭亡的速度。

宋朝有一位皇族出身的宰相赵鼎说过："凡在仕宦，以廉、勤为本。人之才性各有短长，司难勉强，唯廉、勤二字，人人可至。"廉洁和勤奋是对官员最基本的要求，人的才干有大有小，智商有高有低，有些人做一辈子官也建立不了丰功伟绩，但是起码能努力做一个清官吧？

赵鼎出身名门，没有在底层官场摸爬滚打的经历，他不知道做清官有多难。在专制且腐败的帝制时代，做清官其实比做能吏还要艰难得多。

就拿明清两朝来说吧，官员俸禄极其微薄，假如不贪污不受贿没有灰色收入，不但雇不起幕僚，而且养不起家小。海瑞是明朝的清官，临死连一口棺材都买不起；于成龙是清朝的清官，穿衣服要靠妻子亲自纺织。这样的清官活在世上，必须有特别坚强的毅力支撑着，必须有通情达理的家属支持着，否则抵挡不住同僚的嘲笑，抵挡不住亲朋的鄙视，抵挡不住家属的抱怨。

宋朝厚待大臣，官员们领着中国历史上最优厚的俸禄，做清官会相对容易一些，但是来自亲戚朋友的阻力依然很大。包拯去安徽合肥做过官，合肥是他的老家，亲朋故旧听说他来当官，蜂拥而至，这个求他办事，那个给他送礼，有人打着他的旗号招摇撞骗，有人仗着他的势力横行不法。包拯该怎么办？总不能把所有亲戚都抓起来吧？他只能杀鸡儆猴，抓了一个作恶最多的舅舅，将其当堂判了死刑。亲戚们一瞧，这家伙不好惹，六亲不认，于是收敛了许多。假如包公再多一点顾虑，不敢惩处他的舅舅，他就可能被逼得徇私舞弊、包庇人情，从此走上贪官的不归路。

传统中国就是这样的人情社会，中国民众就是这样的双重标准。没错，民众反对贪官，但是为了谋取私利，会逼迫自己的熟人做贪官。一个人做了官，如果不能帮熟人谋私利，如果不能满足熟人的非法取索，他将自绝于“人民”。这些“人民”，指的是他的家族，他的同学师长，他曾经生活过并且将来还要在其中生活的关系网络。

包拯是高官，俸禄优厚，生活俭朴，他的收入中有很大一部分都被他和他的妻子无偿地交给熟人了。今天表弟结婚，要送一百贯；明天同学进京，要送五十贯。我是清官，我不能为你办事，只请你收下我的钱财，以后不要恨我。

包拯给后代立下一条祖训："后世子孙仕宦，有犯赃滥者，不得放归本家；亡殁之后，不得葬于大茔之中。不从吾志，非吾子孙。"意思是后世子孙只要做官就不许贪污，如果有人贪污，立即赶出家门，死后不许葬进家族墓地。

这条祖训很有效，包拯的儿子包绶，孙子包永年，后来都是有名的清官。

包绶的官位比包拯低得多，俸禄自然比包拯少得多。他死的时候，遗产只有几本书，没有留下一文钱。包永年也是小官，去世时同样没有积蓄，像海瑞一样买不起棺材，全靠两个堂弟资助，才得以入土为安。

做贪官，有可能受到惩处，但也只是可能而已，元、明、清三代几乎到了无官不贪的地步，被惩处的不到百分之一。而做清官呢？活着时被亲朋埋怨，被同僚嘲笑，不能好好生活；临死还买不起棺材，不能入土为安。由此可见，做清官太难，如果没有初恋般的热情，没有坚定的意志，做不了清官。

在今天的很多地方，如日本、新加坡，做清官并不难，做贪官倒有很大风险。可是在古代中国，做贪官风险很小，做清官成本很高，所以历朝历代的清官屈指可数，凤毛麟角。也正因如此，像包拯这样的清官才会被人们记住，被人们称颂，被人们誉为青天。

正常的清官和另类的清官

也不是所有的清官都如此。

东晋有一位清官陆纳，不贪不占，不拿群众一针一线，真的是清官，可是真的很讨人嫌。他被任命为吴兴太守（相当于苏州市市长），邀请权倾朝野的权臣桓温到家里做客。邀请之前，他先打听桓温一顿能吃多少肉，能喝多少酒，而当桓温应邀到他家的时候，他却故意准备很少的酒菜，让桓温吃不饱，还假惺惺地对桓温说抱歉：我家太穷了，只能拿出这么多酒菜，真是对不住。桓温只好自己掏钱叫外卖，倒过来请陆纳吃了一顿饭。后来陆纳又请名臣谢安来家里做客，这回连酒菜都不提供了，他的侄子看不过去，出去买了一些酒，被他抽了四十鞭子，大骂“秽吾素业”，说侄子玷污了他的清白。

像陆纳这种人，心理多少有些极端。既然没钱请人吃饭，为什么要请别人到你家里去呢？这不是故意表演自己的清廉吗？

明朝的清官海瑞做事也有些不合常理。他是清官，但是把别人都当成贪官。他用道学严格要求自己，也要求别人跟他一样。他有一个五岁[1]的女儿，拿着男仆给的糕点在吃，被他狠狠骂了一顿："女子岂容漫受僮饵？非吾女也，能即饿死，方称吾女！"意思是女孩子怎么能接受男仆给的东西？不知道什么叫上下有别吗？不知道什么叫男女授受不亲吗？你不配做我的女儿，罚你永远不许吃饭！结果，他这个女儿真的就被活活饿死了。

包拯就没有这样极端的心理。他性情刚硬，脾气倔强，不怕顶撞上司，对下属说话也很不客气，是个比较难接近的人。但是只要别人有理，他就会马上跟别人道歉。对于性格相似的下属，他惺惺相惜，不给人家穿小鞋。司马光和王安石都做过他的下属，在宴席上被他灌酒，王安石梗着脖子不喝，他也没办法。有个士兵对他产生了误会，当面骂他，他反倒对抓捕士兵的官差说："这人是个疯子，放他走吧。"对于自己的亲人和族人，他从不徇私枉法，但是能帮的忙他绝对会帮，用自己的俸禄帮助别人渡过难关。

戏曲和电视剧里都演过《铡包勉》，说他误以为侄子包勉犯法，大义灭亲，将包勉杀了。其实按照宋朝的法律和官场规矩，侄子犯法，他要回避，让其他官员来审案。按照他的性格，也不会轻易判人死刑。

戏曲和电视剧里的包拯神通广大，可以在阴阳两界自由穿梭，既能审理人世间的种种奇案，还能替鬼申冤。真实的包拯当然没这么神，他也有被人蒙蔽的时候，也曾作出并不公正的判决。在现实生活中，他甚

① 注：本书年龄为虚岁。

至还有些护短，不让老百姓告他的门生，不让同僚逮捕他的下属。恰恰因为他有这样的缺点，所以更像一个活生生的正常人。我们知道，是人都是有缺点的。

为什么要有三口铜铡

真实的包拯判案，并不动用刑具，而戏曲和电视剧里的包拯却有三口铜铡：龙头铡对付皇亲国戚，虎头铡对付文武百官，狗头铡对付地痞恶霸。

按宋朝法律，除了抓捕时用的枷锁铁链、审案时夹人手指的拶子，以及判决后打人屁股的板子、绞人脖子的绳索、砍人脑袋的大刀，其他刑具都是非法的。包拯在开封府审案，那是天子脚下，更不会胡来，绝不可能当堂铡掉犯人的脑袋。

戏曲和电视剧为什么要给包拯三口铜铡呢？为了取悦受众。

一个案子如果足够离奇，查案的过程足够扑朔迷离，就有可能获得受众的喜爱。比如，我们看福尔摩斯探案的小说，一步一步跟着剧情往前走，解开一个又一个谜团，最后真相大白，好人获胜，坏人惨败，总能获得智力与道德上的双重快感。近些年清官断案的故事不断被拍成电视剧，如《包青天》《新包青天》《施公案》《狄公案》《海瑞传奇》《神探狄仁杰》等，收视率都很高，就是因为观众可以获得这些快感。

不知道大家有没有注意到，同样是探案作品，西方作品更注重表现神秘的探案过程，而中国作品除了表现探案过程，还要将坏人受审的结局用浓墨重彩的方式表现出来。特别是元代杂剧、明代唱本和清代小说里的包公探案故事，案情并不怎么复杂，大量笔墨都用在包公刑讯坏人和处置犯人的细节上了。

我们现在看古代包公戏，有时候会觉得包公很残忍，但是古代中国的受众却特别喜欢，因为他们身处特别专制、腐败、不公正的时代，在现实生活中没有惩治恶人的机会，只能通过一个历史上真实存在的清官和一些虚构的刑具来发泄。

《宋史·刑法志》中记载南宋末年的司法黑幕：地方官员只有审讯和判决的权力，并没有杀人的权力，可是一些官员判完案就杀人，以免犯人上诉；普通犯人不应该佩戴枷锁，可是基层官吏为了索取贿赂，故意将对付江洋大盗的重枷用在普通犯人身上，一枷就是一月两月甚至一年半载，犯人家属如果不来行贿，就得眼睁睁地看着犯人死在枷锁之下；朝廷要求看管监牢的官吏为每一个犯人提供饮食和最基本的医疗设备，但是这些官吏将朝廷拨付的相关经费据为己有，不给犯人饭吃，如果家属不来送饭，犯人就可能被活活饿死；狱卒向犯人索贿不成，会指派其他罪犯打人；法官明明知道犯罪嫌疑人受冤，仍然任凭狱卒将其虐待至死，然后再以病死的名义上报给朝廷；当事人认为司法不公，本来可以一级一级地上诉，从县衙告到州衙，从州衙告到府衙，从府衙告到提刑司，从提刑司告到刑部、御史台、大理寺，直至去登闻鼓院击鼓告御状，但是地方官派出人去“截访”，将试图上诉的犯人和犯人家属谋害至死。

在这样暗无天日的时代生活，平民百姓几乎看不到一丝希望，几乎没有一丝“沉冤得雪”的机会。他们渴望像包青天那样公正判案的法官，他们更渴望通过包青天之手狠狠地报复使他们遭受不公的坏蛋，所以用来对付坏蛋的残忍刑具就在戏曲中登场了。

包拯的铜铡是从元杂剧开始出现的。元朝的政治比南宋末年更腐败，元朝的司法比南宋末年更黑暗，元杂剧中的包公不仅用铡刀判决，有时在判决之前还要来一番血淋淋的刑讯，借此让观众解气。

北宋末年的政治也很腐败，于是有方腊率领农民造官家的反。农民军逮到官吏，“必断脔肢体，探其肺肠，或熬以膏油，丛镝乱射，备尽楚毒，以偿怨心”（《宋史·童贯传（附方腊传）》）。砍断官吏的四肢，抽出肚肠，泼上油焚烧，用乱箭射穿身体。黑暗的政治滋生了怨恨的民众，怨恨的民众渴望雷厉风行的包青天替他们申冤。

有什么样的政治，现实生活中就有什么样的民众；有什么样的民众，艺术作品中就有什么样的包青天。

侠客与包青天的结合

包青天不是独自上阵，他有御猫展昭护驾，有王朝、马汉、张龙、赵虎随身，还有锦毛鼠、钻天鼠、彻地鼠、穿山鼠、翻江鼠这五名侠客帮忙。

这些人当然都是虚构的。

宋朝人取名，禁止用“龙”字，因为龙代表皇帝，你以龙为名，那就是想篡权夺位，犯了朝廷的大忌。真实的包拯或许有四个护卫，但是其中一个护卫绝对不会叫张龙。

何家劲扮演的展昭很帅，但他也不可能是真实人物，真人不可能有那么好的轻功，完全违背物理定律嘛！

至于五鼠，他们的艺术形象出自清代小说《三侠五义》，而《三侠五义》中的五鼠又是从明代说唱词话《五鼠大闹东京记》演化而来的。

我们来看看《五鼠大闹东京记》的故事梗概：包公镇守边疆，忽然被皇帝召回开封。原来皇帝被妖怪迷惑，日夜忧烦，寝食难安，请包公回去除妖。包公开天眼一瞧，明白是五个老鼠精在造孽。他派出二十四名官差，取出三十六般刑具，捉到四个老鼠精。还有一个最厉害的老鼠精没被捉到，变成包公去了开封府。包公凭借自己的法力降服不了这个老鼠精，一缕英魂直奔天庭，请出天兵天将下凡，最后将五个老鼠精一起消灭。

也就是说，五鼠本来是妖怪，到《三侠五义》中却被塑造成了侠客。

侠客路见不平拔刀相助，行善罚恶替天行道，在东西方文学中都很受欢迎，但是将侠客与清官放在一起，恐怕也只有中国文学会这么做。将侠客的武功与清官的智慧结合起来，或许更能满足中国读者的幻想，更能让无处伸张正义的观众扬眉吐气。

杂取种种，合成一个

鲁迅讲过作家塑造人物的两种方法：一是从生活中找一个原型作为范本；二是杂取各种人，合成一个，将很多个原型的特征融汇到一个人物上。

包青天就是通过第二种方法塑造出来的，包公案也是通过第二种方法汇集来的。

以包公判案为主题的电视剧至少有几十个版本，加起来至少拍了几千集，而真实的包拯在开封府只审了一年多的案，哪有那么充沛的精力审那么多的案子？而且哪有那么多的案子交给他审呢？

《三侠五义》中的包公案，还有此前《百家公案》《龙图公案》里的包公案，以及元代杂剧和明代唱本里的包公案，其实大多是将其他官员判过的案子和其他故事里出现过的案子嫁接到了包公身上。

我们随便举一个例子，就说元杂剧中的《包待制智勘灰阑记》吧：

两个妇人争夺一个孩子，都说孩子是自己生的，但那时候又不能做DNA鉴定，查明孩子的亲生母亲实在很难。包公想出一计，用草木灰在地上画了一个圈，将孩子放在圈内，让两个妇人去拽胳膊，谁能把孩子拽出圈外，谁就胜诉。孩子的亲生母亲当然不舍得使劲，假冒的母亲却拼命拉扯孩子，于是真相大白，搞清楚了孩子的归属权。

追查史料，这个故事在汉朝人应劭写的《风俗通义》中就出现过：

前汉时，颍川有富室，兄弟同居，其妇俱怀妊。长妇胎伤，匿之。弟妇生男，夺为己子。论争三年，不决。郡守黄霸使人抱儿于庭中，乃令娣姒竞取之。既而，长妇持之甚猛，弟妇恐有所伤，情极凄怆。霸乃叱长妇曰："汝贪家财，固欲得儿，宁虑或有所伤乎？此事审矣。"即还弟妇儿，长妇乃服罪。

河南许昌有一家富户，兄弟二人，都结了婚，妻子都怀了孕。嫂嫂不慎流产，弟媳生了儿子，为了争夺家产的继承权，嫂嫂非说那个孩子是自己生的。双方各执一词，各说各的理，打了三年官司，法官无法判决。后来黄霸去许昌当官，找一个壮汉抱着孩子，让嫂嫂和弟媳去抢，谁抢得到就算谁的。嫂嫂用力去抢，弟媳怕伤了孩子，不敢用力，黄霸据此判决孩子是弟媳生的。

佛经《贤愚经》里也有类似的故事：

见二母人，共诤一儿，诣王相言。时王明黠，以智权计，语二母言：“今唯一儿，二母召之。听汝二人，各挽一手，谁能得者，即是其儿。”其非母者，于儿无慈，尽力顿牵，不恐伤损。所生母者，于儿慈深，随从爱护，不忍曳挽。王鉴真伪，语出力者：“实非汝子，强挽他儿。今于王前，道汝事实。”即向王首：“我审虚妄，枉名他儿。大王聪圣，幸恕虚过，儿还其母。”各尔放去。

两个妇女争孩子，请国王判决。国王让她们一人抓着孩子的一只手，进行拔河比赛。亲生母亲不敢使力，输了比赛，赢了孩子。

甚至在《圣经·旧约》中也收录了几乎相同的故事，判案人是以智计著称的所罗门：

一日，有两个妓女来，站在王面前。一个说：“我主啊，我和这妇人同住一房，她在房中的时候，我生了一个男孩。我生孩子后第三日，这妇人也生了孩子。我们是同住的，除了我们二人之外，房中再没有别人。夜间，这妇人睡着的时候，压死了她的孩子。她半夜起来，趁我睡着，从我旁边把我的孩子抱去，放在她的怀里，将她的死孩子，放在我的怀里。天要亮的时候，我起来给我的孩子吃奶，不料，孩子死了。及至天亮，我细细地察看，不是我所生的孩子。”那妇人说：“不然，活孩子是我的，死孩子是你的。”这妇人说：“不然，死孩子是你的，活孩子是我的。”她们在王面前如此争论。王说：“这妇人说：‘活孩子是我的，死孩子是你的。’那妇人说：‘不然，死孩子是你的，活孩子是我的。’”就吩咐说：“拿刀来。”人就拿刀来。王说：“将活孩子劈成两半，一半给那妇人，一半给这妇人。”活孩子的母亲为自己的孩子急痛，就说：“求我主将活孩子给那妇人吧！万不可杀他。”那妇人说：“这孩子也不归我，也不归你，把他劈了吧！”王说：“将活孩子给这妇人，不可杀他，这妇人实在是他的母亲。”

《圣经》中有类似的故事，佛经有类似的故事，汉朝书籍有类似的故事，它们都比包公断案故事出现得早，那我们基本上可以判定，包公断案是借鉴了之前的故事。

电视剧《包青天》里的大多数故事出自《三侠五义》,《三侠五义》里的大多数案子出自《百家公案》,《百家公案》里几乎所有的故事都有原型，分别改编自《搜神记》《夷坚志》《太平广记》《江湖纪闻》《清平山堂话本》和元杂剧，而元杂剧里的包公故事也是由历朝历代各地的民间故事改编而来。

包青天的故事就是这样形成的，创作者杂取各种判案故事，集合到一个人身上，塑造出了一个集正直与智慧于一身的包青天。

真假包青天都有意义

这本小书写的是包青天，当然不是小说家和剧作家塑造出来的包青天，而是历史上真实的包青天。我希望剔除小说家和剧作家在包拯身上过度涂抹的色彩，让大家看清楚真实的包拯是什么样子。

当我写这篇序言的时候，台湾地区的博客来网络书店发来一个采访提纲，其中问了这么一个问题：

> 您的历史书写从饮食、财富到住宿，着眼于古代的生活史。但为什么要关心古人吃什么或怎么过年？或当时的房价是怎么回事？就算知道了又怎样？您认为重建古人生活对现代生活有什么意义呢？

是的，我沉迷于挖掘真实的古代生活，醉心于描述真实的古代人物。古人早已逝去，历史早已远去，无论我们看到的包青天是否真实，他似乎都与现代生活无关。那我为什么还要写这本书呢？您为什么还要看这本书呢？

其实历史并没有远去。今天的领土纷争、政治纠葛、文化冲突，无不牵扯历史；今天我们用的汉字、说的语言、使用的成语，无不牵扯历史；今天我们的风俗习惯、饮食偏好、国民素质，无不牵扯历史。我们每个人的每一步都在创造历史，我们每个人的每一天都是未来历史的起点和过往历史的延续。无论我们想还是不想，历史都在这里。

过去我们中国人总是太看重历史的现实意义。历史确实有现实意义——我们多读历史，多了解一些古人的生活，至少在合上书的那一刹那，心胸会开阔一些，会觉得好像从久远的过去一直活到了今天，然后面对生活中的小挫折可能就不会轻易发脾气：算了算了，包青天直到三十九岁才开始上班，他都不急，我急什么呢？

当然，这是玩笑话。我认为历史最重要的现实意义在于它能使我们快乐，让我们获得美的体验。文学与艺术是一种美，真实的历史是另一种美。

被艺术化的包青天在电视剧里出现，在戏曲舞台上出现，在文学作品里出现。那些故事不是历史，但是很有趣，而且很美。真的包青天就在这本小书里藏着，他即将走出来与您对话，这个对话过程一样很美。

目录

第一章

包青天很黑吗

包公原来是这样

包青天很黑吗

有一年，台湾地区综艺节目《旅行应援团》去宜兰介绍美食，女主播谢忻小姐搞怪变身，把白皙的小脸涂得乌漆麻黑，并在额头上画了一道弯弯的月牙。

相信所有人都看得出，她扮演的是包公。

包公是谁？自然是中国历史上那位最著名的清官，曾经在宋代开封担任府尹，被民间尊称为“包青天”的包拯包大人。

这位包大人为官清廉，断案如神，铲除贪官恶霸，为民伸张正义，深受老百姓爱戴，长相也很有特点。

清代长篇侠义公案小说《三侠五义》中写道，包公刚出生时，是个“黑漆漆、亮油油、赤条条的小儿”。“赤条条”不奇怪，我们每个人出生时都是赤条条的。但是“黑漆漆”和“亮油油”则说明包公肤色很黑，黑得发亮，有点像黑人。2017 年春节，巴黎唐人街彩妆文艺游行，“王朝”和“马汉”挎着腰刀，举着“开封府”金字招牌，黑面“包公”居中而立，扮演者正是一位黑人青年。

二十世纪九十年代，台湾地区根据《三侠五义》改编制作了一部电视剧《包青天》，由金超群先生主演包公，两道浓眉，三绺长髯，眉间一弯月牙，方形阔口国字脸，扮相很酷，可是也很黑，一张黑脸如同镔铁，不怒自威。

京剧里包公的扮相就更黑了，除了脸颊黑里透红，额头上画了三道弯弯曲曲的白色图案外，整张脸都是黑的，如锅底，如焦炭，如墨水打翻在宣纸上。没看过包公戏的外国人初见包公登台，会觉得眼前一黑，误以为停电了。

开封包公祠里的包公铜像

包公真的这么黑吗？

现在北京故宫南薰殿里藏有包公的画像，头戴乌纱帽，身穿圆领红袍，双手捧着一块白色笏板，狮子鼻，方海口，大耳垂轮，胡须微微发白，闭着嘴，面带微笑，那脸色是淡黄的。

河南开封包公祠有一尊包公塑像，六七十岁的样子，在正大光明匾额下面正襟危坐，长须长眉，面庞清瘦，白里透黄，鼻直口方，年轻时肯定是个帅哥。

安徽合肥包公祠也有一尊包公塑像，跟开封包公祠那尊像的造型非常相似，只不过头顶上的匾额由“正大光明”换成了“色正芒寒”，屁股下的椅子由有靠背有扶手三面包围变成了只有靠背没有扶手。

您看，无论画像还是塑像，都不同于电视剧里的包公和话本小说里的包公。

包公是古人，古代没有照相技术，流传下来的画像与塑像并不一定符合历史真实。还好历史上有人对包公的长相进行过文字上的简单描述，总共只有六个字：“面白皙，有丰仪。”“面白皙”，说明包公长得不但不黑，还很白。“有丰仪”，说明包公很胖，大概属于膀大腰圆那种形象，倒有些像《包青天》的主演金超群先生。2009 年，新版《包青天》再度登场，主演还是金超群先生。据金先生说，为了出演新剧，他疯狂减肥二十多斤。其实他不用减肥，也不用化妆，只需本色出演，就符合包公白白胖胖的真实形象。

“面白皙，有丰仪。”这就是现存文献中唯一描述包公长相的可靠记载。为什么这条记载可靠呢？因为它出自宋朝人张田之口，而张田是包公的门生兼儿女亲家。包公活着的时候，曾经多次向朝廷举荐张田。包公去世以后，张田亲自整理出版了他的文集，并先后为他的妻子董氏和儿媳崔氏撰写了墓志铭。两人的关系如此亲密，张田的记载当然是可靠的。

从白面书生到黑脸包公

本来白白胖胖的包公，怎么会变出一张黑脸呢？这要从话本小说和戏曲版本的不断演变说起。

包公是宋朝人，他的故事从宋朝就开始流传。

南宋小说集《醉翁谈录》中有一则《红绡密约张生负李氏娘》，讲的是张生与李小姐私奔，后又负心薄幸另娶他人，李小姐找到包公告状，包公为她主持了公道。

明代白话短篇小说集《喻世明言》中有一篇《宋四公大闹禁魂张》，讲的是宋朝故事，看行文语气也是由宋朝话本改编而来，开头就说东京汴梁遍地盗贼，直到包公做了府尹，地方治安始得清净。

此外还有一则宋话本《合同文字记》：开封府闹灾，居民刘添瑞外出逃荒，临行前与哥哥刘添祥立下合同，约定家产归兄弟二人共有。后来添瑞病故，添瑞的儿子刘安住回乡认亲，哪想到伯父刘添祥为了独霸家产，拒绝认亲，还把侄子刘安住打伤。刘安住去开封府衙告状，包公亲自审理，弄清了真相，惩处了刘添祥，表彰了刘安住。

以上三种话本小说里都出现了包公，但是并没有提到包公的长相。包公是黑是白？是俊是丑？ 是高是矮？是胖是瘦？一个字都没说。

元朝包公戏非常兴盛，流传至今的就有十几种，包括关汉卿创作的《包待制三勘蝴蝶梦》《包待制智斩鲁斋郎》，李行道创作的《包待制智勘灰阑记》，武汉臣创作的《包待制智赚生金阁》，以及迄今已不知编剧姓名的《包待制陈州粜米》《包龙图智赚合同文字》《王月英月夜留鞋记》《叮叮当当盆儿鬼》《神奴儿大闹开封府》等。这些剧本将包公形象不断加码，给他装备了势剑（相当于尚方宝剑）和金牌，让他拥有了昼断阳间、夜断阴朝的超凡能力，但是仍然没有具体刻画包公的面容。其实元代演员在舞台上饰演包公的时候，已经有了相对程式化的扮相，可惜没有行头和图画流传下来。

到了明朝，以说唱为主的包公词话开始流行，包公在文字记载中逐渐变得生动形象、具体可感。成化年间（1465—1487 年）词话唱本《包待制出身传》是这样刻画包公的：

> 末遇三郎生得丑，八分像鬼二分人。
>
> 面生三拳三角眼，太公一见怒生嗔。
>
> ……
>
> 头发粗浓如云黑，两耳垂肩齿似银。
>
> 鼻直口方天仓满，面有安邦定国纹。

鼻直口方，前额饱满，头发粗黑，两耳垂肩，一双三角眼，脸上长着三个拳头一样大的肿瘤，二分像人，八分像鬼，长相奇丑。

明代万历二十二年（1594年），包公故事集《新刊京本通俗演义全像百家公案全传》刊行，这是第一部专门叙述包公断案的短篇小说集，也是目前所知第一部将包公刻画成黑脸大汉的艺术作品。本书第七十回《断斩王御史之赃》写道：

（王御史与徐监官）正饮酒间，忽一黑汉撞入门来。王御史问："谁人？"黑汉道："我是三十六宫四十五院都节度，今日是年节，特来大人处讨些节仪。"王御史吩咐门子与他十贯赏钱，赏之三碗酒。那黑汉吃了三碗酒，醉倒阶门前叫屈。

这位醉酒的黑汉，正是包公包青天。

包公变黑有什么用

包公是合肥人，合肥古称庐州，庐州有一个地名叫香花墩，香花墩上有一座包公祠，祠中塑有包公肖像。

清代嘉庆年间（1796—1820年），庐州知府张祥云去包公祠参拜，见到循循儒雅、白面长须的包公像，忍不住感叹道："公肖像满天下，向时所见，皆棱角峭厉，使人汗骇僵走，不敢仰视。今奉命守庐，拜公遗像于香花墩上，岳岳怀方，和蔼溢于眉睫，无外间妄塑非常状。甚矣，人之好怪也！”包公塑像遍布全国，大多很丑，让人看了冷汗直流，不敢仰视，腿肚子转筋，走不了路，跟见鬼似的。现在我奉命出任庐州知府，来到香花墩上参拜包公，见到的却是不一样的塑像，身躯伟岸，面容和蔼，眉目之间，甚是可亲，完全不是外面常见的那副怪模样。哎，世人真是喜好古怪啊！

包公墓，原址在合肥东郊，现迁至合肥市区。读者刘东伟先生供图

包公本来并不黑，文艺作品让他变黑；包公本来并不丑，文艺作品故意把他塑造得很丑。为什么要这样做呢？正是因为“人之好怪”的心理。

传统文艺作品中，异人必有异相。比如，舜的眼睛有两个瞳仁，刘备的手臂出奇地长，二郎神多出一只眼，安禄山脚底三颗痣，秦琼脸色黄似蜡，钟馗五官丑似鬼，孙权碧眼，刘墉驼背，清代评书《白眉大侠》的主人公徐良从小就长着一对雪白雪白的眉毛……

不但文艺作品喜欢夸张渲染，就连我们的史书也这么写：老子在娘胎里待了八十一年；孔子的头顶有一个大坑；汉高祖左腿上黑痣密密麻麻，不多不少刚好七十二颗；汉光武帝额头上有一块骨头高高凸起，好像犀牛长了角；隋文帝杨坚呱呱坠地，“头上角出，遍体鳞起”。唐太宗李世民出生时，“时有二龙戏于馆门之外，三日而去”。此后的宋太祖、宋太宗、明太祖、明成祖、清太祖、清世祖……凡是在位时建功立业、略有出息的君王，出生时的场面都很壮观，不是“红光绕室”，就是“白虹贯日”，或者父母晚上做噩梦，梦见一只大龙飞到怀里，怎么赶都不走。总而言之，一个伟大人物出生，十有八九会有异象，否则跟你我一样寻常，怎么能显出伟大不凡呢？

像史书上的许多伟大人物一样，包公落地时也有异象。《三侠五义》第二回描写，包公诞生那天，他的父亲包员外梦见半空中祥云缭绕，瑞气千条，猛然间红光一闪，面前落下一个怪物：“头生双角，青面红发，巨口獠牙，左手拿一银锭，右手执一朱笔，跳舞着奔落前来。”包员外大叫一声醒来，刚好小丫鬟跑进屋报喜：“员外大喜，方才安人产生一位公子，奴婢特来禀知！”而根据评书表演艺术家田连元先生播讲的评书《包公案》，包公乍出娘胎，竟然是一个圆滚滚的肉球，被他父亲一刀劈开，从里面跳出一个小黑孩……

包公被刻画得那么丑、那么黑、那么古怪，完全不迎合审美标准，但是符合艺术规律。第一，越是丑怪的艺术形象，越容易被人记住；第二，面恶心善，色黑质白，形容丑怪而心地正直，可以形成强烈的艺术反差；第三，就像我们前面说的那样，传统受众对伟大人物心怀期许，希望他们一出生就跟普通人不一样，为了满足大家的期望，登上舞台的伟人要么很帅，要么很丑，包公只是凑巧被描画得很丑罢了。

陕西地方戏秦腔中的包公脸谱

不过电视剧《包青天》里的包公并不算丑，只是肤色有点黑，以此昭示他的铁面无私。如果像京剧脸谱那样出镜，如果像成化唱本《包待制出身传》那样“八分像鬼二分人，面生三拳三角眼”，则过于违背现代观众的审美标准，是会损失很多收视率的。

额头上的月牙是怎么来的

就我们现代人而言，电视剧《包青天》里的包公扮相最为深入人心：国字脸黑里透红，不怒自威，三绺长髯胸前飘散，额头上还有一弯小小的月牙。自从这部剧热播以后，后来拍的《新包青天》《少年包青天》，以及周星驰主演的《九品芝麻官》里模仿包青天的包龙星包大人，额头上都有一弯月牙。

这弯月牙是怎么来的呢?

有人说，包公小时候淘气，学大人赶牲口，被驴踢了脑袋，所以留下一道形如月牙的伤疤。

有人说，包公幼年骑马，不小心摔落在地，被马踩在头上，于是多了这弯月牙。

还有人说，包公神通广大，能在阴阳两界自由穿梭，白天当府尹，断人间冤狱；晚上做阎王，判阴间生死。他的一双眼睛象征着“日断阳”，前额那弯月牙象征着“夜断阴”。

以上解释似乎都很合理，但都是事后诸葛亮，是现代人或者近代人对包公形象的通俗理解。追根溯源，包公的电视形象仍然是从戏曲形象演化而来。

清代京剧《铡美案》中的包公脸谱

元杂剧中包公戏虽多，却未见刻画包公脸谱。据戏曲研究家齐如山先生的《国剧艺术汇考》考证，元代包公戏中的包公一般是两道白眉毛、一张大黑脸，没有月牙。京剧泰斗梅兰芳先生藏有一幅明代包公脸谱，也是一张大黑脸，两道白眉斜飞至鬓，额上没有月牙。

进入清代，京剧舞台上的包公终于有了月牙造型。例如，《清升平署戏曲人物扮相谱》与《清宫戏画》中收录的包公脸谱均为黑脸红唇，白眉入鬓，一弯月牙占了半个前额。此后金少山、裘盛戎、董俊峰、侯连英等名角饰演包公时，额头上也都会勾画月牙，其区别仅仅是月牙的形态或大或小，月牙开口的方向或左或右而已。

现在问题来了：历代都有包公戏，为什么到了清代才出现月牙呢？原因可能有三个：

一、清代包公信仰更加盛行，包青天“日断阳，夜断阴”的形象被进一步神化，于是象征“阴朝”的月亮就出现在了包公头上。

二、清代满族入主中原，原先盛行于满族与蒙古族的原始巫术随之对中原文化产生影响，萨满教中那些镂刻或者漆画日月造型的驱傩面具渐渐影响到戏曲舞台上的脸谱造型，包公戏与巫术相杂糅，面具上的月牙就被挪到了包公头上。

三、清代男性的发型与前朝不同，前额头发剃得溜光，扮演男角的戏曲演员必须在前额上勾画某些图案，否则会显得空荡荡。于是，灵官的额头多了一道闪电，哪吒的额头上多了一个红点，朱温的额头上多了一片云朵，包公的额头上多了一弯月牙。

总而言之，包公是在清代戏曲舞台上定型的，过去的戏曲造型影响了后来的影视造型，过去的包公戏影响了后来的《包青天》。不过《包青天》的主创团队并没有完全照搬戏曲造型，仅仅保留了黑脸和月牙，并且将大得夸张的月牙缩小成一个小小的疤痕，同时还非常果断地舍弃了包公脸谱上那对白眉毛。假如不这样取舍，直接让包公以脸谱造型出镜，可能会吓坏小朋友。

包公的黑出身

戏曲不仅弄黑了包公的肤色，也弄黑了包公的家世。

元杂剧《叮叮当当盆儿鬼》第四折，包公登场：

> 老夫姓包名拯，字希文，乃庐州金斗郡四望乡老儿村人也。

姓包名拯，这没错。但包拯的字不是希文，而是希仁。再查他的籍贯，墓志铭上分明写的是“合肥县公城乡公城里”，而不是“金斗郡四望乡老儿村”。按宋朝行政区划，只有州、府、县、路，“郡”早已取消，所以“金斗郡”云云，全是元朝编剧胡扯。

明朝编剧也胡扯，成化年间说唱词话《包待制出身传》开篇是这么写的：

> 听唱清官包待制，家住庐州保信军。

离了庐州十八里，凤凰桥畔小包村。

爷是有钱包十万，妈妈称呼叫太君。

家有水田三千顷，每雇长工千百人。

好养耕牛千百个，鸣锣便是放牛人。

庐州（今安徽合肥）城外有一座凤凰桥，凤凰桥畔有一个小包村，小包村有一位土财主，坐拥稻田三千顷，长工千百人，家有钱财万贯，当地人都喊他“包十万”。这个包十万，就是包公的父亲。

乍一听，包公很像华盛顿。华盛顿的父亲是一位农场主，非常阔气，名下庄园几十平方千米，奴隶几百人。包公的父亲则是一位大地主，也非常阔气，名下水田几百平方千米，长工几百人。包公和华盛顿，都是富二代。

但是包公的童年却比华盛顿痛苦多了。

华盛顿的父亲很开明，儿子砍了樱桃树，向他承认错误，他不但不惩罚，还提出表扬。包公的父亲呢？浅薄，庸俗，以貌取人，对包公几乎没有任何关爱之情，还差点把包公遗弃了。

我们接着看《包待制出身传》的唱词：

十万亲生三个子，头生两子甚超群。

末遇三郎生得丑，八分像鬼二分人。

面生三拳三角眼，太公一见怒生嗔。

【念白】包太公一见第三个儿生得丑陋，叫童童便抱去南山下涧水中淹杀，免得后来千年之害。

惊动闲人犹自可，宅中惊动有恩人。

惊动有恩包大嫂，大嫂前来说事因。

【念白】大嫂见公公把三叔淹死，大嫂拜告，免把三叔淹杀。

大嫂直至厅阶下，深深下拜说原因。

三叔虽然生得丑，一双眉眼怪双轮。

头发粗浓如云黑，两耳垂肩齿似银。

鼻直口方天仓满，面有安邦定国纹。

公公不要三叔后，媳妇乞叔作儿孙。

看养在房年十岁，看看长大得成人。

包公有两个哥哥，长相都挺帅，轮到包公出生，坏了，三角眼，头上长了三个瘤子，二分像人，八分像鬼。他父亲一瞧，这孩子不是人，是妖怪转世，赶快抱到南山，扔到水里，想把他淹死！

幸亏包公的大嫂心肠好，赶紧向公爹求情，帮包公捡回一条小命。大嫂将包公抱回自己房里，像抚养自己的孩子一样亲自哺育，一直将包公抚养成人。

《包待制出身传》是我们现在能读到的第一部详细描写包公家世的

艺术作品，它给后世的包公戏定下了一个基调：包公出身富裕之家，但是童年不幸，因为遭到父亲的遗弃。

清代说唱抄本《龙图耳录》（《三侠五义》的前身）第一回介绍包公的出身：

且说江南庐州合肥县内有个包家村，村内有个包员外，名怀，家道巨富，良田千顷，为人乐善好施，安分守己，因此人人皆称为“包百万”。包怀原是谨慎之人，既是有“百万”之称，唯恐担当不起，他又难以拦阻众人，只得将包家村改为小包村，以为自己谦和、不敢当的意思。就此一事，可见他为人再不是妄自尊大、欺压良善那一类的人了。院君周氏，夫妻二人皆在四旬以外，所生二子：长名包山，娶妻王氏，生了一子，才经满月；次子包海，娶妻李氏，尚无儿女。他弟兄两个虽是同胞所生，秉性却不相同。大爷包山为人忠厚老成，妻王氏也是贤德有余的；二爷包海为人尖酸刻薄，偏偏他的妻子李氏又是心地不端的。不意院君周老安人年纪已过四旬，忽然怀孕在身，员外好生不乐……

按《龙图耳录》所写，包公的父亲名叫包怀，家道巨富，人称“包百万”（比《包待制出身传》里的“包十万”又阔气了十倍）。包怀有三个儿子，长子包山，次子包海，在前两个儿子都成家之后，突然又生下第三个儿子包拯。

日本东京大学东洋文化研究所藏有一套比较简略的说唱抄本《龙图公案》，第一回这样叙述包公家世：

> 单说文曲星君落凡。在庐州小包村中，有一位员外姓包，名如梅，安人赵氏。所生二子，长名包忠，次名包全，俱是完过了婚。忽然间老安人身怀六甲，倒有十三个月分娩……

按《龙图公案》所写，包公的父亲名叫包如梅，也是生下三个儿子：长子包忠，二子包全，三子包拯。包拯出生最晚，在妈妈肚子里待的时间却最长，别人十月分娩，他足足等了十三个月才呱呱坠地，以显示他生而不凡。

不管唱本作者怎样给包公的父亲和兄长改名字，都没能改变包公一出生就惨遭遗弃、幸而又被大嫂收养的传奇经历。

然而，事实真的是这样吗？

包公有个好父亲

事实上，包公的父亲不是包十万，也不是包百万，不叫包怀，也不叫包如梅，他真正的名字叫包令仪。

让我们打开包公的儿子包绶的墓志铭：

> 公姓包氏，讳绶，字君航，世居合肥。故赠太子少傅讳士通之曾孙，故任虞部员外郎赠太保讳令仪之孙，故枢密副使赠开府仪同三司谥曰孝肃讳拯之子。

包绶字君航，是包士通的曾孙、包令仪的孙子、包拯的儿子。

再打开包公的孙子包永年的墓志铭：

> 公讳永年，字延之，世为庐州合肥人。曾祖讳令仪，故任虞部员外郎，累赠太保。祖讳拯，枢密副使，累赠开府仪同三司，赐谥孝肃。

包永年字延之，曾祖名叫包令仪，祖父即包公。

很明显，包公的父亲就是包令仪。

这个包令仪并非庸俗浅薄的土财主，人家是做过官的士大夫。前述两篇墓志铭里都曾提到，包令仪“故任虞部员外郎”“赠太保”。太保是官衔，但是前面加一“赠”字，说明这个官衔是在去世后添的，是荣誉头衔，并非活着时担任的官职。

包令仪活着时担任的官职是“虞部员外郎”。早在隋唐时期，尚书省分设六部，六部中有一个工部，工部下面又分设工部司、水部司、虞部司、屯田司，每司设一个郎官和一个员外郎，其中虞部司员外郎负责协助本司郎官对全国山林湖泊的开采进行管理，相当于现在国土资源部的一个处级官员。不过，北宋前期的官制与后来不同，官衔与职责完全分开，朝廷让一个人做虞部员外郎，绝对不会让他去管理山林湖泊，只是按这个官衔来给他定品级、发工资而已。比如说司马光三十九岁时被任命为“祠部员外郎”，名义上是一个礼部官员，但他并不能去礼部上班，因为他真正的工作是“判吏部南曹”，需要去人事部上班，那个礼部官衔“祠部员外郎”仅仅用来表明他的官位和薪俸级别。

同样的道理，“虞部员外郎”只用来表明包令仪的官位和薪俸级别，这是一个从六品的官衔，比正六品小，比正七品大。而包令仪真正的工作是什么呢？按包公儿媳文氏的墓志铭记载：“夫人王父，赠太师尚书令兼中书令讳□，与朝奉公王父，赠太保讳令仪，同官阁中。”说明包令仪曾经与北宋名臣文彦博的父亲文洎“同官阁中”，一起做过皇帝秘书处的低级文官。另据明朝嘉靖年间修撰的《惠安县志》第十一卷《秩官·宋知县》记载：“包令仪，祥符五年任。”宋真宗大中祥符五年（1012年），包令仪在福建省泉州市惠安县就任知县。

在地方上做过知县，在京城里做过低级文官，以虞部员外郎的官衔领薪水，跟文彦博的父亲文洎做过同事，正史无传，野史无载，只能从墓志铭和地方志中发现一些蛛丝马迹，一个默默无闻的从六品官员，这就是包公的父亲包令仪。

可能是因为包公太有名了，后人不想让包公的父亲过于默默无闻，所以又给他添了一些头衔。明朝万历年间《庐州府志》第九卷《乡贤列传》这样介绍包令仪："字肃之，进士及第，授朝散大夫，行尚书虞部员外郎，分司南京，上护军，赠刑部侍郎。"康熙年间重修的《庐州府志》手笔更大，干脆让包令仪在宋太宗太平兴国年间中"进士第一"，也就是中了状元。

查《文献通考·选举考》中的宋太宗太平兴国年间进士名录，根本没有包令仪的名字。而且按照北宋前期官制，一个人只要中了进士，朝廷不可能给他一个"虞部员外郎"的官衔，因为这种官衔通常用来安排非正途出身的"杂佐官"，如那些只中举人、没中进士、靠给地方官做幕僚有功而被举荐的官员。所以包令仪不但没有中过状元，甚至很可能连进士都没有中过，他应该就是从底层幕僚苦熬出身的科场失利者。

即便如此，包令仪也是合肥包氏家族中第一个跳出龙门的人。看包拯的墓志铭就知道，包公祖父包士通"赠太子少傅"，祖母宣氏"追封冯翊郡太夫人"，说明祖父母在世时均为普通百姓，死后才因为包公或者包令仪的功劳而得到官衔与封号。

包公向宋仁宗写过一封《求外任》的奏议，他在奏议中追忆少年时

宋太宗塑像。开封府景区供图

光："生于草茅，蚤从宦学，尽信前书之载，窃慕古人之为，知事君行己之方，有竭忠死义之分，确然素守，期以勉循。""生于草茅"，意思是出生于平民之家。"蚤从宦学"，意思是后来父亲做了官，自己跟随父亲上任，在衙门里刻苦攻读，受到父亲的悉心指导。

包公的脸谱很清晰，而包公父亲的形象却很模糊。这个包令仪，他是高是矮？是黑是白？在官场是清廉还是贪腐？对包公是慈爱还是严厉？我们不得而知。但在包公心目中，他应该是个好父亲，对包公爱护备至，舐犊情深，父子二人的感情应该很好。在包公的墓志铭里有一段记载：

天圣五年进士甲科，初命大理评事，知建昌县。时皇考刑部侍郎家居，皇妣亦高年，乐处乡里，不欲远去，公恳辞为邑，得监和州税。和邻合肥，皇考妣犹不乐行，遣公之官。

包公中了进士，朝廷派他去建昌县（今江西省永修县）做知县。当时包公的父亲退休在家，母亲年纪大了，二老在家乡住惯了，不想跟儿子去外地上任。包公将这些情况上奏给朝廷，朝廷改派他去合肥附近的和州做税官。虽然和州离合肥很近，但包公的父母仍然不愿去，为了不给儿子添麻烦，他们让包公自己去和州。

你看，父慈子孝，多么温馨的家庭！假如包令仪像《包待制出身传》里的包十万那样庸俗土气，包公不可能“蚤从宦学”，少年时到父亲任上读书；假如包令仪曾经遗弃包公，包公长大后也不可能这么孝顺。

嫂娘的故事

在明代词话和清代评书中，包公有两个哥哥，大哥名叫包山或者包忠，二哥名叫包海或者包全。两个哥哥都结了婚，大哥大嫂忠厚老实，二哥二嫂奸诈自私。包公出生后多灾多难，父亲不喜欢他，二哥二嫂怕他长大后分家产，想方设法谋害他，多亏大嫂多方保护，包公才得以长大成人。所以，包公对大嫂感激终身，亲切地喊她“嫂娘”。

幼年包公的多灾多难是艺术虚构，他的嫂娘当然也是虚构出来的。

套色版画《包公赔情》，讲的是包公误铡侄子包勉，向嫂嫂赔礼道歉的故事。读者黎萍女士供图

浙江宁波天一阁原藏《镇海横河堰包氏宗谱》，叙录包氏祖先及历代子孙：始祖包业，二祖包袭，三祖包士通，四祖包令仪。包令仪生有三子，长子包莹，次子包颖，三子包拯。

故事中的包公有两个哥哥，宗谱里的包公也有两个哥哥，看起来故事很可信。但是，按包氏宗谱记载，包莹和包颖都早早地夭折了，包公成了包令仪事实上的独子。所以，包公不可能有嫂嫂，更不可能有嫂娘。

包公的儿子倒是有一个嫂娘。

包公结过两次婚，娶了一妻一妾。妻为董氏，是武昌县令董浩的女儿，也是包公的结发妻子。这位董氏给包公生了一个儿子，取名包繶。包繶长到二十岁左右，娶妻崔氏，并获得了一个通判的官职，可惜婚后两年，包繶就病故了。

包公夫人董氏之墓。读者刘东伟先生供图

包繶病故以后很多年，包公和董氏始终没能再生养第二个儿子。大约快到六十岁的时候，包公纳了一个妾。娶的小妾姓孙，出身平民家庭。婚后不久，孙氏就怀了身孕。对包公来讲，这本来是件喜事吧？但是很奇怪，不知为何，包公却把孙氏赶回了娘家。

回到娘家以后，孙氏生下一个儿子，他就是包公的第二个儿子，也是后来为包公送终的唯一一个儿子，取名包绶。

包绶出生那年，包公六十岁，包公的结发妻子董氏五十八岁，夫妻两人年迈体衰，已经无力抚养幼子。包公的小妾孙氏，也就是包绶的亲生母亲，那时候应该还很年轻，但是她的身份低贱，包家也不让她再回去。还在襁褓中的包绶被接到包府，而他的生母却不能跟随，那么由谁来抚养他呢？答案就是包公的长媳崔氏。

崔氏是个苦命人，十九岁嫁给包公的长子包繶，二十岁生下一子，二十一岁丈夫去世，二十四岁儿子夭折。青年守寡，夫死子亡，包公夫妇劝她改嫁，但她不听。她的娘家母亲帮她说亲，在湖北荆州给她找了一门亲事，男方是她的表哥，刚满三十岁，在衙门里做师爷，可以说年岁相当，工作也不错，可她就是不答应。母亲气冲冲地质问她："夫死守子，子死何待？"丈夫死了还有儿子，现在你儿子都死了，还守什么寡呢？为什么不改嫁呢？包家有什么值得你留恋的？她答道："有小郎如儿子，其门户待我而立。"包家还有一个小儿子没人抚养，我待他就像对待自己的儿子，等他长大成人、娶妻生子，我的任务才算完成，到那时候您再跟我谈改嫁的事情吧！

长媳崔氏的墓志铭有载："当姑夫人捐馆舍时，绶犹童孩，节妇迎师教导之，以至成人。为择取良妇，又艰关求访，得其所生。绶事节妇如母……"当包公夫妇先后去世之时，包绶还是小孩子，全靠崔氏抚养成人。崔氏为包绶聘请家庭教师，为包绶操办亲事，还派人多处寻访，帮包绶找到了亲生母亲孙氏。所以包绶对嫂嫂崔氏终身感激，像侍奉母亲一样侍奉她。

所以，包公并没有嫂娘，包公的儿子包绶倒是有一个伟大的嫂娘。我们有理由相信，传奇故事中包公的嫂娘有一个原型，那就是包公的长媳崔氏。换句话说，包公被长嫂抚养长大的故事，其实脱胎于包绶被长嫂抚养长大的历史。

宋哲宗绍圣元年（1094 年），崔氏去世，享年六十二岁。第二年十月，她被埋葬于合肥县公城乡公城里包氏墓地。为她送葬的男丁中有两个人，一个是已经做官的包绶，另一个是她的儿子。这个儿子并不是她和包繶亲生的，而是包绶帮她从包氏家族中挑选的继子，名叫包永年。

按照中国人的旧观念，一门一户如果没有儿子继承香火，那这户人家就等于消失了。假如没有生养儿子，或者儿子已经夭亡，就要从同宗同族甚至异姓家族中过继一个儿子，此之谓“兴灭继绝”，是古人极为看重的大事。包繶死得早，崔氏的亲生儿子早夭，包绶帮她过继了一个儿子，使她和早已亡故的包繶传承有序，后继有人，这也算是包绶对嫂娘养育之恩最为重要的报答吧。

猜猜包公是什么星座

我们继续看《包待制出身传》。

话说包公被大嫂养到十五岁，大年初一那天去给父亲包十万拜年，包十万仍然没有回心转意（可能还是觉得包公太丑，一见就讨厌），打发包公去下田耕地：

> 暂时好衣都脱了，南庄去做使牛人。

南庄水田耕不了，晚夕不得转庄门。

把身上穿的新衣服都脱了，换上破衣烂衫，赶着耕牛去南庄稻田里翻地，把所有的田地全耕完再回来，差一分一厘都别想进家门。

包公来到田里，又气又恨，又懒又困，把犁铧当枕头，躺在田垄上睡着了。一觉醒来，忽然发现已经有人替他把田耕完了。他以为又是大嫂帮了忙，准备牵牛回家向大嫂道谢，然后在路上碰见了一位算命先生。

算命先生跟包公打招呼："小郎君，算命不算？"包公道："我被爹爹罚在南庄耕田，有甚好处？无钱算命。"算命先生说："我算命不要钱，你只需说出你的出生年月。"包公道："我是淳化三年二月十五日卯时生。"然后算命先生掐指推算道：

既是卯年并卯月，又逢卯日卯时辰，四个卯生下，卅二上濠州为县宰，卅四上陈州治良民，卅八上治开封府，日断阳间夜断阴。

算命先生唱完这段，化作一阵清风而去，原来他是太白金星下凡来指点包公的。

成化唱本《包待制出身传》后来演化成明代长篇小说《百家公案》的引子《包待制出身源流》，将太白金星为包公算命这段故事讲得更为详细。大意是包公十岁那年上堂认父，被父亲罚到南庄耕地，耕不完不许回家。幸好土地神仗义出手，替包公耕完了。包公收拾犁具回家，途中遇见一个算命先生问路，他热心指路，算命先生感激，提出给包公免费推命。

> 包公乃云："贱造是淳化二年二月十五日卯时生。"先生遂起了八字，看毕大惊云："郎君之命，辛卯年，辛卯月，辛卯日，辛卯时，有四个辛卯。三十二上发科，后去官，至学士，后为龙图阁待制——故人称为包龙图，乃大贵之命也，可贺可贺！"包公听罢应云："莫非我无命钱，先生故来取笑耳？"先生云："我写在书上，待郎君富贵，得来相望。"包公云："我只有一条手巾，与先生为表记，久后果如公言，当得重谢。"先生接取手巾，对包公曰："你看前面又有一个先生来！"包公回头看时，不见人来，那先生化一阵清风而去。包公惊叹道："原来这先生不是凡人，乃是神人来与我推命也！"

《包待制出身传》说包公出生于淳化三年，《包待制出身源流》说包公出生于淳化二年，哪个对？都不对。淳化是宋太宗年号，淳化三年即公元 992 年，淳化二年即公元 991 年。而据曾巩的《孝肃包公传》，包公于宋仁宗嘉祐七年（1062 年）去世，享年六十四岁。从嘉祐七年倒推六十四年，包公的出生年份应该是宋真宗咸平二年，也就是公元 999 年。

至于包公具体出生在几月几日呢？曾巩的《孝肃包公传》、《宋史·包拯传》、《宋仁宗实录·臣僚附传·包拯传》、包公生前同僚吴奎撰写的《宋枢密副使赠礼部尚书孝肃包公墓志铭》等文献均无记载。

宋仁宗嘉祐七年（1062年），包公过生日，宋仁宗钦赐生日礼物，并让大臣王珪代拟贺词。王珪是宋朝著名女词人李清照的外祖父，文章写得很好，他这篇贺词以四六骈语写成，词句典雅，雍容华贵，中有“眷秉轴于宏廷，省梦熊之嘉月”之句。“梦熊”典出《诗经·小雅·斯干》：“吉梦维何？维熊维罴。……维熊维罴，男子之祥。”古人以梦中见熊罴为生男的征兆。“嘉月”则指春天的月份，一般指二月。从王珪的生日贺词可以看出，包公是农历二月出生的。

巧合的是，唱本《包待制出身传》与小说《包待制出身源流》也把包公的生日定在了二月，并且具体到二月十五卯时，也就是早上五点到七点。卯时当属小说家言（为了凑成卯年卯月卯日卯时的奇妙八字），二月十五或许言之有据。

如果包公的生日确实是二月十五那天，那么我们可以知道他是什么星座——查万年历，公元999年农历二月十五那天是公历3月5日，属于双鱼座。

即使小说与唱本弄错了包公出生的具体日期，我们基本上也可以判定包公属于双鱼座。前面说过，包公生于农历二月，而公元999年农历二月除了月底那两天，整个月份都属于双鱼座。

第二章

他是清官，也是财神

包公原来是这样

砚台的故事

世人皆知，包公是清官。

《宋史·包拯传》记载，包公在端州（今广东肇庆）做过官。我们知道，端州最有名的特产是砚台。此前历任官员到端州，都会搜刮大批砚台，一部分收入囊中，一部分送给故友亲朋，一部分献给朝廷大佬。而包公呢？“岁满不持一砚归。”上任时两袖清风，离任时清风两袖，连一方砚台

宋代端砚，长 19.5 厘米，宽 12.3 厘米，厚 3.8 厘米，传为北宋书法家米芾所用，现藏台北故宫博物院

都不带走。徐志摩诗曰："悄悄的我走了，正如我悄悄的来；我挥一挥衣袖，不带走一片云彩。"稍作调整可咏包公："悄悄的他走了，正如他悄悄的来；他挥一挥衣袖，不带走一方砚台。"

有一个民间故事是这么讲的。

北宋时，端州每年要向朝廷进贡十方砚台，而地方官中饱私囊，将进贡数量私自增加了几十倍，多出来的那些砚台，自然成了地方官的私有财产。包公到任后，又将贡砚数量减少到了十方，自己一方都不要，端州百姓都很高兴。到了包公离任那天，成千上万的端州人给他送行，官船在一片颂扬声中顺江而下，很快就到了一个叫羚羊峡的地方。这时候，风和日丽的天空突然变得乌云蔽日，紧接着狂风大作，浊浪排空，不妙！官船要翻！包公心里琢磨："我是清官，没贪污没受贿，老天爷为什么跟我过不去呢？莫非有下人欺瞒，偷偷接受了贿赂？"他赶紧召集下人开会，质问是不是有人受贿。他的书童扑通一声跪倒在甲板上，从怀里掏出一个金黄色的小包袱，交给包公说："对不起老爷，是小的不对，前天有人送您一方端砚，我想又不是什么很贵重的东西，就私下里替您收了。"包公打开包袱，只见雕龙刻凤，确实是一方好砚！但是他不动心，连包袱带砚台一起扔到了水里。然后，风停了，浪平了，云开日出，一切恢复正常。

广东肇庆砚洲岛

据说孙悟空踢翻太上老君炼丹炉，一块烧红的炉砖掉下凡间，变成了新疆吐鲁番的火焰山。而包公扔到水里的那方端砚，则变成了现在广东肇庆羚羊峡下西江河中心的砚洲岛。不是还有一个包裹砚台的包袱吗？它比砚台要轻，在水里漂流了一会儿，后来变成沙滩，也就是现在肇庆沙铺镇的黄布沙。

故事当然只是故事，孙悟空踢到地上的炉砖不会变成火焰山，包公投到水里的砚台也不会变成砚洲岛，故事越神奇，就越背离真相。另外，按照《宋史》与《宋会要》中所载舆服制度，除了皇家，任何人都不能使用雕龙刻凤的物品，不能使用纯黄色作为装饰，假如有人送砚台给包公，那砚台应该不可能雕龙刻凤并使用黄色包袱。所以，这个故事是虚构的，至少其中的神奇细节是虚构的。

砚洲岛上的包公楼

但包公的清正廉明不是虚构出来的。

《宋仁宗实录·臣僚附传·包拯传》："拯性不苟合，未尝伪辞色悦人。平生无私书，至于干请，无故人亲党，一皆绝之。居家俭约，衣服、器用、饮食，虽贵，如初宦时。"包公坚持原则，一生正直，以诚待人，好就是好，不好就是不好，决不巧言令色，阿谀奉承。做了半辈子官，公是公，私是私，泾渭分明，故友亲朋想找他徇私办事，门儿都没有。虽然做了大官，但是过日子艰苦朴素，吃穿用度一如既往，跟刚做官时一样。

大臣吴奎夸赞包公："惟令名之皎洁，与淮水而悠长。"包公人品正直，清正廉洁，淮河有多长，他的美名就有多响亮。

吴奎是包公同事，性格跟包公一样耿直，他不喜欢拍马屁，也没必要去拍包公的马屁。他之所以这样赞美包公，是因为包公确实值得他这样赞美。

包公不买房

包公运气好，生在一个政治清明的时代，皇帝虚怀纳谏，官场风气也比较正。就中上层官员而言，清官的数量要远远超过贪官，所以他这位包青天不会成为同僚眼中的异类。假如他生在昏庸无道的宋徽宗时代，或者生在奸相当权、贪污盛行的南宋中后期，恐怕不得善终。他太清廉，太耿直，内方外不圆，棱角太分明，眼里容不得一粒沙子，容易得罪很多人。

举个例子，宋仁宗嘉祐四年（1059年），大臣张方平在开封买房，就遭到了包公的弹劾。

人家买房而已，又不是贪污受贿，包公为什么要去弹劾呢？

事情经过是这样的。

开封有一位富商刘保衡，承包了一个官府酒厂，本来想发大财，可是经营不善，倒闭了。我在拙著《吃一场有趣的宋朝宴席》中说过，宋朝酒水专卖制度中有一种酒曲专卖：民间可以酿酒出售，但是酿酒所用的酒曲必须从官方购买，这样才能保证政府从酿酒行业赚取稳定且丰厚的财政收入。刘保衡酿酒，用的正是官曲，他承包的酒厂赔了，欠官府的酒曲钱还没有结清。欠了多少呢？一百多万文，按购买力折合人民币大约五六十万的样子。

五六十万不算巨款，但刘保衡已经破产，真的还不起这笔钱。官府天天派人上门催债，如果无法偿还，刘保衡就只能锒铛入狱了。幸亏他在开封有一处房产，可以卖了还债。大臣张方平听到消息，派人来跟刘保衡接洽，说要买他的房子。交易很快达成，那处房产以一百多万文的价格卖给了张方平，刘保衡就用这笔售房款还了官债，然后离开了京城。

刘保衡走了，刘保衡的姑妈突然去开封府告状，她说刘某卖掉的那处房产其实是刘家的共同财产，不经过她和其他族人的授权就出售，属于违法交易，应该追回。当时开封府的长官不是包公，而是另一位官员，这位官员经过查验，证实了刘保衡姑妈的说法。

拙著《千年房市：古人安心成家方案》对宋朝房产交易制度有所考证：所有不动产买卖都要获得亲邻的首肯。比如说张三卖房给李四，只有张三一个人同意是不够的，还要征询张三邻居和亲戚的意见。如果邻居愿意按照市价购买，张三就要将房子优先出售给邻居；如果某个亲人或者族人对房子的归属权提出异议，张三也必须拿出证据来应对，在产权异议没有完全解决的情况下，他与李四的交易就属于违法。类似的制度在宋朝乃至后来的朝代都是有效的，我们现在看到的古代不动产交易文书，上面往往会有“亲邻人等并无异议”“如有外人占拦，并是卖方支当”之类的条款，意思就是本次交易完全合法，已经获得亲族及邻人的同意，将来不会有人找麻烦。刘保衡卖房给张方平的时候，契约上或许也书明了相关条款，但实际上并没有完全解决亲邻的问题，否则他的姑妈也不会告上开封府了。

现在刘保衡的姑妈提出了异议，开封府的官员也证实了异议——卖方刘保衡并不拥有所卖房屋的完全产权。那么交易无效，按照当时法令，买主张方平应该将房屋退还给刘氏亲族。他支付的房款该找谁讨还呢？当然是找刘保衡了。可是刘保衡已经跑路，就算没有跑路，也无力归还房款，张方平岂不竹篮打水一场空？所以他决定不退还房子。

开封府景区鸟瞰图

这个张方平可不简单，他当过开封府尹（相当于市长），当过御史中丞（相当于监察委员会主任），当过参知政事（相当于国务院副总理）。刘保衡姑妈去开封府告状的时候，他正担任三司使，相当于财政部部长。论品级，他比开封府尹还要大一些，他坚决不退还房屋，开封府不敢拿他怎么样。

事情发展到这个地步，我们的主角包公该登场了。包公的品级不如张方平，但他很耿直，眼里只有法令，没有上级，上级违法买房，他就出面弹劾。《续资治通鉴长编》第一百八十九卷收录了他弹劾张方平的奏章："张方平身主大计，而乘势贱买所监临富民邸舍，无廉耻，不可处大位。"张方平身为财政部部长，居然仗着权势贱价购买辖下富民的房产，真是不知廉耻，没有资格继续担任高官。

包公的弹劾击中张方平两条要害：一是"贱买"，二是"所监临"。

宋代王禹偁《李氏园亭记》有云："重城之中，双阙之下，尺地寸土，与金同价。"开封是北宋首都，商业繁荣，人口稠密，土地房屋昂贵之极。那位卖房的刘保衡既然曾为富商，其房屋自然不会简陋，一处并不简陋的住宅只卖一百多万文，谁会相信呢？若非还债心切，急于出手，那就是因为买主有权有势，不得不贱卖给他。一方贱卖，另一方贱买，算不算变相受贿？当然算。

为了减少官员在买房时变相受贿的可能，宋代朝廷屡颁禁令。大中祥符七年（1014 年）宋真宗诏令：“诏现任近臣除所居外，无得于京师广置屋。”尚未退休的大臣如果已经有了住宅，就不要在京城另买房屋了。嘉祐二年（1057 年）宋仁宗诏令：“诸京朝官于监临去处辄置买田宅者，徒一年。”京官和朝官如果在各自管辖区域内买房买地，判处一年徒刑。

宋代官员按级别可分三种，一为选人，二为京官，三为朝官，分别对应现在的低级文官、中级文官和高级文官。张方平身为财政部部长，属于朝官，也就是高级文官，他的管辖区域包括京城，他在京城买房其实违反了皇帝禁令。

包公奏章甚短，但直指张方平受贿与违反皇帝禁令，而且违反的还是在任皇帝宋仁宗的禁令。仁宗皇帝接到奏章，很快撤了张方平的职。

平心而论，张方平不是秦桧那样的贪官，也不是童贯那样的无能之辈。他在四川成都做过官，将成都治理得井井有条。苏东坡的父亲苏洵给他写信说：“张公作事固信于天下，得为张公客者，虽非贤人，而天下亦不敢谓之庸人矣。”如果能被张大人收为门客，那将是在下的荣幸。后来苏东坡父子进京考进士，都曾得到张方平的举荐。张方平与范仲淹、黄庭坚、王巩、李龙眠等人的私交也都很好，张方平的舅舅稽颖是范仲淹的好友，王巩则娶了张方平的女儿。但他违反禁令在京城买房属实，贱价买房变相受贿属实，包公弹劾他，有理有据，无法反驳。

早在宋仁宗庆历四年（1044 年），包公还弹劾过一个买房的官员——淮南转运使魏兼。魏兼执掌淮南财政，辖区大概相当于今天的江苏、安徽与豫南等地，他被包公弹劾，是因为两项罪名：“在任日于部内置买物业，并剩量过职田斛斗等罪犯奏案。”（《孝肃包公奏议·请法外断魏兼》）第一，魏兼在任期间购买辖区内的不动产，违反了中高级官员不得在辖地买房的禁令；第二，朝廷为地方官划拨耕地，供其出租以贴补薪金，魏兼为了多得耕地，偷偷将测量用具的尺寸改大了，靠这种卑劣手段占朝廷便宜。

宋朝皇帝优待臣子，大臣无论犯下多么大的罪行，只要不是谋反，就不会被判处死刑，甚至连徒刑都不判，一般都是罚金和降级，最多不过流放。假如再赶上太后过生日、皇后生儿子、皇帝祭祀天地与列祖列宗等喜事，朝廷照例大赦天下，犯了罪的大臣又会被优先赦免，流放改成降级，降级改成罚金，罚金改成不予处分。包公认为魏兼这样的大臣过于无耻，“乞不从原减之例”，不应该被赦免，请求仁宗重重处罚。

张方平买房被包公弹劾，魏兼买房被包公弹劾，那包公本人有没有因为买房被弹劾过呢？我遍查《宋史》《宋会要辑稿》《续资治通鉴长编》，以及与包公有交集的当朝大佬奏议，没有找到一条这样的记载。是的，包公为官清廉，性格耿直，严守朝廷法令，像他这种疾恶如仇、喜欢弹劾别人的官员，肯定不会冒着被别人弹劾的风险，在任职所在地买房置业。

总的来看，包公那个时代的官场风气还算清正，大臣还算守规矩。与包公同一年考中进士的宰相韩琦说过："自来政府臣僚，在京僦官私舍宇居止，比比皆是。"（《安阳集》卷六《辞避赐第》）朝中大臣一般不买房，在京城租房居住的比比皆是。南宋理学家朱熹也说："且如祖宗朝，百官都无屋住，虽宰执亦是赁屋。自神宗置东西府，宰相方有第。"（《朱子语类》卷一百二十七）太祖太宗在位之时，百官都没有住宅，连宰相都在租房，自从神宗皇帝在皇城之内专门给大臣建造东府与西府以后，宰相才分到了房子。

查《宋会要辑稿》，东府与西府建成于宋神宗熙宁六年（1073年），而包公死于1062年，所以没有机会分到房子。既不分房，又不让买房，那么包公在开封做官时，很可能是租房住。当然，他担任开封府尹时例外，因为府尹可以携家带口住进府衙的后院。

清官的人情味

南宋多战乱，有人问岳飞："何时才能天下太平？"岳飞说："文臣不爱钱，武臣不惜死，天下太平矣。"其实爱钱是绝大多数人的天性，文臣爱钱并不过分，因为爱钱而贪污受贿才过分。

包公是清官，他爱钱吗？或许不爱。南宋时，朱熹给弟子们讲过包公不爱钱的故事。

包公年轻时与同学在合肥老家的寺庙里读书（寺庙环境清幽，房租低廉，是古代穷书生愿意选择的读书场所），饿了回家吃饭，每天往返于寺庙和家之间。他们路上要经过一个富人的房子，但是从来没有去富人家里拜访过。有一天，富人看到他们经过，非常热情地邀请他们到家里吃饭，被他们婉言谢绝了。第二天，富人专门跑到庙里邀请。同学说："人家诚心诚意请我们，不如过去看看？"包公正色说道："彼富人也，吾徒异日或守乡郡，今妄与之交，岂不为他日累乎？"这是个有钱人，现在我们吃他一顿饭，将来中了进士，做了本地的官员，如果他上门来找我们，让我们徇私情走后门，我们答应还是不答应？如果应了他，就会违反国法；如果不答应，又会违背私情。为了保险起见，我们还是不吃他的饭为妙。很多年后，包公果然回到合肥做官，因为他不欠任何人的私情，所以做官得心应手，在合肥没有干过一件徇私枉法的事情。

朱熹是南宋人，与包公有一百年左右的时间距离，他讲的故事可能出自当朝史志（宋朝史志浩如烟海，大半因为战乱遗失了），也可能来自民间传闻。从包公一贯刚直的秉性来看，这个故事多半是真实的。

欧阳修与包公同朝为官，熟知包公的性格，他评价道："拯性好刚，天资峭直。”包拯脾气太硬，性格天生难以接近。这句话隐含的意思是，包公有些不近人情。

大凡举世闻名的清官，都有些不近人情，明朝清官海瑞就是一个例子。梁云龙《海忠介公行状》：“前娶许氏，生二女，出。后娶潘氏，不数月亦出。”海瑞先娶妻许氏，人家给他生了两个女儿，他把人家休了。紧接着娶妻潘氏，一起生活不到几个月，又把潘氏休了。明清时礼教横行，女性被夫家休了是奇耻大辱，因而自杀者往往有之。这个海瑞海大人莫名其妙连续休妻，确实不近人情。

不过我们的包拯包大人在这一点上比海瑞要强。他娶妻董氏，是中进士之前娶的，后来中了进士，做了大官，妻子还是这位董氏。董夫人是包公的结发妻子，一直陪伴包公到人生的终点，两人可谓白头偕老。当然，包公晚年娶了小妾，但那是古代中国士大夫的通病，是当时社会的正常现象。据我考证，苏东坡的父亲苏洵娶了两个小妾（苏轼的弟弟苏辙就是小妾生的）；南宋大诗人陆游娶了一个小妾，后来还从四川带回一个妓女；豪放派词人辛弃疾至少娶了六个小妾。文天祥更厉害：二十岁中状元，娶了一个妻子，复姓欧阳；又娶了两个侧室，一个姓颜，一个姓黄；中年又陆续纳了七个侍妾。包公只有一妻一妾，跟他们比起来，可爱多了。

包公还有一个可爱之处：懂得感恩。曾巩的《孝肃包公传》中记载："少为刘筠所知，筠无子，为奏其族子为后，而请还其所没田庐。"有一位大臣刘筠，做过翰林学士，做过合肥的行政长官，很赏识包公的文章和为人，大概也指点过包公怎样读书应考，走上仕途。包公心存感激，视刘筠为师长。刘筠死后，他向朝廷上奏，帮刘筠办了两件大事。第一，刘筠没有儿子，包公让朝廷从刘筠族中挑了一个继子，继承刘筠的香火；第二，刘筠生前犯有小过，被没收了土地和房屋，包公请求发还，使刘筠一门得以维持生计。包公做这两件事，都不违背政令与法令，是他对师长的孝心。

对于自己的亲人和族人，包公从不徇私枉法，但是能帮的忙他还是会帮的。族人经济上有困难，"拯无所吝财，自奉虽薄而喜于周急"（《野客丛书》卷九）。包公自己过俭朴生活，把钱省下来，帮助别人渡过难关。

由此可见，包公虽然看上去难以接近，但他身上其实洋溢着可爱的人情味。用我们现在的话说，他骨子里是一个"暖男"。

清官的高收入

刚才讲包公周济族人，还隐含着一个前提——他有钱。如果没钱，自己都在吃糠咽菜，拿什么周济人家呢？

包公有钱吗？有。他那么清廉，哪里来的钱呢？答案是俸禄。

宋朝皇帝优待士大夫，论官员俸禄之厚，在中国历史上可谓空前绝后。清朝史学家赵翼说过宋朝皇帝对官员有多么优待："恩逮于百官者唯恐其不足，财取于万民者不留其有余。"（《陔余丛考》）给百官发钱唯恐不够，从老百姓那里征收赋税唯恐搜刮得不干净。宋徽宗时淮南转运使张根说过当时大臣的待遇有多么惊人："今群臣赐一第，或费百万缗，臣所部二十州，一岁上供财三十万缗耳，曾不足给一第之用。"（《宋史·张根传》）皇帝派人给大臣建造豪宅，有时候能耗费一百万贯，张根掌管淮南二十个州县，每年上缴中央财政三十万贯，还不够给臣子盖房呢！

宋朝有一本教导人们为人处世秘诀的小册子《世范》，该书劝导年轻人读书，因为读书"可以取科第，致富贵"。一个人刻苦攻读，在科举道路上斩关夺将，一旦鱼跃龙门，戴上乌纱帽，那么金钱有了，美女有了，富足生活也有了。宋真宗《劝学诗》："富家不用买良田，书中自有千钟粟。安居不用架高堂，书中自有黄金屋。"这首诗真不是骗人的，在宋朝读书做官，用不着贪污，就能得到黄金屋和千钟粟。北宋名臣范仲淹也是清官，靠着俸禄能在家乡苏州买田设义庄，为整个范氏家族的穷人提供衣食、读书经费乃至嫁妆和聘礼。可见一旦做了大官，不但有能力养活一家，甚至有能力养活一族。

宋真宗塑像。开封府景区供图

也不是说所有官员在宋朝都能得到高收入。刚入仕途的低级文官，薪水既低，又没有各种福利，用他们的话讲，“所入仅足以代耕”，收入跟一个农民差不多，勉强糊口而已。至于不入流的小吏，在王安石变法前则连薪水都没有，收入全靠贪污，否则只能饿死。《文献通考·职役考》云：“内外胥吏素不赋禄，唯以受赇为生。”说的就是北宋前期底层小吏靠受贿为生的怪现象。

包公是正牌进士，五十多岁“倒坐南衙开封府”，跻身于高官阶层，他当然有俸禄，而且俸禄一定不少。

包公担任开封府尹时，头上戴有三顶帽子，即龙图阁直学士、尚书省右司郎中、权知开封府事。“龙图阁直学士”是从三品，没有日常工作，一般是皇帝有学术问题或者政治上的重大问题需要咨询的时候，龙图阁直学士才站出来说两句。在北宋前期的官制里，这种官叫作“侍从官”。“尚书省右司郎中”是从五品，也没有日常工作，既不用去尚书省上班，也不用负责尚书省的任何事务，它只是朝廷给官员计算工资时的一个依据，所以叫作“寄禄官”。“权知开封府事”是包拯的正式职位，“权”是暂时的意思，“知”是掌管的意思，权知开封府事，就是说你本来有别的官职，但是朝廷现在派你去开封府把控全局，别的活儿你先放放。在北宋前期，像这种由朝廷指派去做具体工作的官叫作“差遣官”。

北宋开封府题名碑。开封府景区供图

先说“龙图阁直学士”这顶乌纱帽给包公带来的收入。按宋仁宗嘉祐年间颁布的《嘉祐禄令》，龙图阁直学士每月有“料钱”，也就是基本工资；每月还有“添支钱”和“餐钱”，也就是补贴；另外每年春、冬两季还能领到一些“衣赐”，也就是布匹。其中料钱每月一百二十贯，添支每月十五贯，餐钱每月三贯，衣赐每年发两次，每次发五匹绫、十七匹绢、一匹罗、五十两绵。

再说寄禄官“尚书省右司郎中”给包公带来的收入。《嘉祐禄令》规定，尚书省右司郎中每月有料钱三十五贯，没有餐钱和添支，而衣赐也是每年发两次，每次各发三匹绫、十三匹绢、一匹罗、三十两绵。按照《嘉祐禄令》的工资发放原则，如果一个公务员既有寄禄官的官职，又有侍从官的官职，那么他并不能兼领寄禄官和侍从官的双份薪水，而是哪份薪水高就领哪份。对包公来说，他的侍从官薪水明显比寄禄官薪水高，所以他只能领到作为龙图阁直学士的那份薪水。

最后看差遣官“权知开封府事”的收入。据《宋史·职官志》记载，包公在开封府做一把手，每月有三十石月粮，其中包括十五石大米、十五石小麦。此外每月还有二十捆（每捆十三斤）柴禾、四十捆干草、一千五百贯“公使钱”（朝廷发给地方官自由支配的办公经费）。另外，作为外任藩府的高级地方官，朝廷又划拨给包拯二十顷职田，也就是两千亩耕地，允许他每年收租，并且无须纳粮。这两千亩耕地按每亩租米一石估算，每年也有两千石米的进项。再查《嘉祐禄令》，权知开封府事每月还有一百贯的添支，每年冬天又发给十五秤（每秤十五斤）的木炭。

拙著《历史课本闻不到的铜臭味》曾经按照宋仁宗时的物价，

将包公得到的所有薪金与福利统统折算为铜钱，加起来总共是两万一千八百七十八贯，这就是包公担任开封府尹时一年可以支配的全部合法收入。

其实包公担任开封府尹的时间只有一年半左右。就算他只做了一年，收入也有两万多贯。两万多贯是什么概念，大家可能不太了解，让我们来看看王安石三十岁那年写的《上运使孙司谏书》："某为县于此两年，见所谓大户者，其田多不过百亩。百亩之直，为钱百千，其尤良田，乃直二百千而已。"王安石在比较富庶的江浙地区当了两年县官，发现所谓民间大户也只有百亩田产，每亩最高两贯，总价值最多不超过两百贯。包公在开封府一年可入两万贯，可去江浙购买良田一万亩，一百户富庶农民的田产全部加起来，还比不上他一年的收入。

开封府尹的官印。开封府景区供图

读者朋友可能会觉得，包公之所以清廉，是因为俸禄优厚。是的，高薪确实可以养廉，但是不能防贪，因为人的贪欲是无限的，除非有某种因素作为强力约束，否则大多数官员无法克制自己的贪欲。

《建炎以来朝野杂记》甲集记载南宋前期官场乱象："东南帅臣监司到署，号为上下马，临路皆有馈，计其所得，动辄万缗。"帅臣监司，那是安抚使（相当于军区司令）、转运使（相当于省长）级别的高级地方官，实即一方诸侯，他们的俸禄肯定非常优厚，但是在上任路上仍然到处接受同级和下属的贿赂，动辄收入上万贯。

跟包公差不多同时代的大臣蔡襄回忆年轻时的官场，朝廷命官都耻于经商，可是三十年后风气大变，"兴贩禁物茶、盐、香草之类，动以舟车懋迁往来，日取富足"。茶叶、食盐、香料，在宋朝都是专卖品，利润极大，官员们一边领着厚禄，一边不顾专卖禁令搞走私。钱越多，越觉得少，这是可以理解的，放之官场则不可，因为无论受贿还是走私，损害的都是国家利益，遭殃的都是普通百姓。

宋朝有很多清官，也有很多贪官，制度对官员的约束是一样的，清官之所以为清官，是因为他们比贪官有操守，一个没有操守的官员，不管你给他多么高的薪水和福利，他都欲壑难填。可惜操守并不总是靠得住，清官做久了，发现贪官比自己活得更好，发现贪污没有太大的风险，就往往也会变成贪官。包公清廉一生，操守很好，始终没变成贪官，所以他值得我们赞美。

他是清官，也是财神

包公是清官，人所共知，可是很少有人知道他还是财神。

大家可能会疑惑，财神不是骑老虎的赵公明吗？不是提大刀的关云长吗？中国民间崇拜财神，将赵公明奉为财神，将关云长奉为财神，将《封神榜》里的比干奉为财神。至于包公包青天，怎么会有人把他当财神呢？

财神像。日本早稻田大学风陵文库藏本

问题是，包公确确实实做过财神。

来，我们看看他的履历。

包公生于宋真宗咸平二年（999 年）二月，死于宋仁宗嘉祐七年

（1062 年）五月，活了六十四年。按古人喜欢在周年上虚增一岁的规矩，我们可以说包公享年六十五岁。

宋代考生参加科举考试的场景。开封府景区供图

而包公的一生，官场生涯有多长呢？仅有二十七年。

宋仁宗天圣五年（1027 年），二十九岁的包公中了进士。按唐宋两朝的规矩，进士只是学位，不是官位，进士想做官，还要参加国家人事部门的选拔考试。这种考试主要测验考生对法令、判例与公文书写的熟悉程度，类似于现在的公务员考试。通过了这种考试，进士才有做官的资格。

走馬上任

唱名賜第後不久，吏部便會先後授與新科甲舉者各種相應的實際官職，從此他們便走馬上任，開始了仕途生涯。

宋代考生走马上任的场景。开封府景区供图

参加人事选拔考试是需要在职官员举荐的，每名考生都要拿到三份以上的举荐状，也就是说，需要三名以上在职官员的举荐，否则就没有考试资格。包公的父亲包令仪是在职官员，他的岳父董浩是在职官员，他同年进士文彦博的父亲文洎也是在职官员，作为官宦子弟，他很顺利地拿到了三份举荐状，很顺利地参加了考试，并且很顺利地通过了考试。大家想，他少年时随父上任，在父亲衙门里看惯了律条与公文，当然容易通过了。

当年唐朝大诗人韩愈中进士后，去吏部参加人事选拔考试，第一次没通过，第二次没通过，第三次又败北，连续考了四年，才得到一个官职。而包公比韩愈幸运多了，一战成功。

朝廷为包公分派官职，官衔是“大理评事”，职位是“知建昌县”。请大家注意，宋朝的“官”和“职”是分开的，“官”用来定品级，“职”用来定工作。“大理评事”是官，表明包公是八品官；“知建昌县”是职，表明包公要去建昌县（今江西省永修县）做知县。但是包公没有去，因为他父亲已经退休，回到了安徽合肥，他想去距离父母近的地方做官。于是朝廷改派他“监和州税”，去安徽和县当税务局长。包公还是不去赴任，他跟朝廷请假，回合肥侍奉父母去了。

包公在合肥老家住了整整十年，直到他父母离世，直到他守丧完毕，直到宋仁宗景祐四年（1037 年），他才正式开始做官——朝廷派他“知天长县”，去安徽天长当知县。这一年，他三十九岁。

知县三年为一任，包公做了三年，升了官，被改派到端州当知州。端州就是广东肇庆，那里出端砚，前文砚台的故事就是在那里发生的。

知州也是三年为一任，待知州任满，包公被调回京城，职位是“勾当京东排岸司”，负责疏浚南北水运通道蔡河，使河堤不决、河船不堵，使南方的稻米、丝绸、水产、铜钱、香料可以顺利运抵京师。所以，这个官职与财政有关，受当时中央财政部门“三司”辖下的“勾当河渠司”直接管辖。

疏浚蔡河约半年，包公再次调任，从财政部门进入监察部门，任“监察御史里行”，也就是见习监察官。又过了半年，见习监察官变成正式监察官，包公成了“监察御史”。

宋仁宗庆历五年（1045年），包公四十七岁，以监察御史身份兼任“送伴契丹使”，护送辽国使臣回国。从辽国回来，朝廷又让他兼任“契丹正旦使”，代表宋朝为辽国皇帝和皇太后拜年。古代交通不便，包公一生仅出过两次国，就是兼任“送伴契丹使”与“契丹正旦使”这两次。

庆历六年（1046年），包公四十八岁，仍任监察御史，同时兼任“三司户部判官”。同年六月出任“京东转运使”，相当于主管财政的省长，辖区是今山东大部与河南东部。

庆历七年（1047年），包公从京东转运使调任“陕西转运使”，仍然是主管财政的地方长官，只是管辖区域从山东变成了陕西。

庆历八年（1048年），包公五十岁，调任“河北转运使”，尚未赴任，又改为“三司户部副使”，相当于财政部副部长。

宋仁宗皇祐二年（1050年），包公五十二岁，奉命“知谏院”，相当于从财政部副部长改任监察委员会主任。

皇祐四年（1052年），加“龙图阁直学士”衔，出任“河北都转运使”，整理财税，筹措军饷，为抗击辽军进袭做准备。其实他的主要职责还是财政。几个月后改任“高阳关路都部署兼安抚使”，即河北军区司令，直接管军事。

此后几年，包公先后出任庐州知府、池州知州、江宁知府，至宋仁宗嘉祐元年（1056年）腊月回京城任开封府尹，嘉祐三年（1058年）六月改任御史中丞，其间都不再是财政官员。但是到了嘉祐四年（1059年），他成了“三司使”，相当于财政部部长。

包公六十一岁当财政部部长，当了三年。六十四岁进入国家权力中心，升任“枢密副使”，相当于国防部副部长（宋朝国防部地位远高于财政部，枢密副使的地位接近副宰相）。半年后，他在这一职位上去世。

不知道大家有没有发现？包公三十九岁做官，六十四岁去世，前后二十七年官场生涯，做过知县、知州、知府、国防部副部长、监察委员会主任，既管过民政，也管过军政，但他管得最多的，恐怕还是财政。勾当京东排岸司、三司户部判官、三司户部副使、三司使、京东转运使、陕西转运使、河北转运使、河北都转运使，哪个职位不是跟财政有关？

在我国，管财政的官员俗称“财神”，包公就是这样一尊财神。

《包青天》拍了好几百集，每集都是案子，好像包公一生都在开封府判案。其实，他只做了一年半的开封府尹，更多的时间是在管财政，在为大宋朝廷理财呢！

包公如何理财

包公在写给宋仁宗的奏章中说过：“今之总邦计者，内则三司使，外则转运使。当此财用窘乏之际，居职者尤宜佥求才杰之士，俾之兴利除害，庶几可济。”（《孝肃包公奏议·请选内外计臣》）掌管大宋财政的是三司使和转运使，三司使管中央财政，转运使管地方财政。现在开支浩大，国库空虚，三司使与转运使至关重要，尤其需要选拔杰出的人才来担任。朝廷要放开手，让这样的人才来改革财税，开源节流，解决财政赤字。

包公屡任转运使，后任三司使，既管过地方财政，也管过中央财政，他自己算不算“兴利除害，庶几可济”的“才杰之士”呢？我们可以看两个例子，一个是包公在圈地养马方面的“兴利除害”，另一个是他在食盐专卖方面的“兴利除害”。

先说养马制度。

1942年北京琉璃厂出售的套色版画《摇钱树》。日本早稻田大学风陵文库藏本

宋朝与辽国交战，在军事上不占优势，太祖太宗总结教训，认为马不如人。也就是说，宋朝马匹太少，战马更少，用自己的步兵跟人家精锐的骑兵打仗，肯定打不过。宋真宗即位后，在河北西路圈占了一百多万亩土地，将良田改成牧区，专门养马，但是收效不佳。包公在河北做过官，深知其中的利弊，他建议仁宗皇帝进行改革：

臣窃见河北漳河淤地，名为沃壤，而广平监于邢、洺、赵三州，共占民田一万五千余顷，并是漳河左右良田。每牧马一匹，占草地一百一十五亩。……河北西路惟漳河南北最是良田，牧马地已占三分之一，东路又值横陇、商胡决溢，占民田三分之二，乃是河北民田六分，河水马地已占三分。其余又多是高柳及泽卤之地，俾河朔之民何以存济？欲乞且令人户依旧耕佃，供纳租课。若据一年所得，亦可置数倍鞍马，公私大利，无甚于此。

朝廷设置的养马机构广平监在河北西路圈占了一万五千顷（一顷为

一百亩）土地，都是漳河两岸的良田。占地这么多，养马却很少，平均一顷地才养一匹马。现在河北西路的耕地被圈占了三分之一，而河北东部又因为黄河决口，耕地被淹没了三分之二。粗略估算，整个河北一半的耕地已被牧区和洪水占据，剩下的不是沼泽地就是盐碱地，不适合耕种，以后河北人民靠什么吃饭呢？据微臣所知，如果将养马地交还给农民耕种，上缴的租税用来买马，能比养马多出好几倍。希望皇上体恤河北人民的疾苦，革除养马政策的流弊。

有的朋友可能会说：大宋疆域狭窄，缺少牧区，就应该圈地养马，否则去哪儿买马呢？跟辽国买，那不等于与虎谋皮吗？实则不然，与北宋接壤的牧区不只有辽国，还有西夏与吐蕃后裔唃厮啰，宋朝完全可以向西夏和唃厮啰买马。其实，在北宋中后期，宋与邻国互市不断，以茶叶、丝绸、香料、瓷器为武器，从经济上征服了辽国和西夏，交易所得的战马数量远远超过原先养马的数量。追根溯源，其中离不开包公的贡献。

再看食盐专卖。

宋仁宗在位时，河北驻军跟辽国军队打了一仗。宋辽对峙，互为敌国，打仗是常有的事，可是这回打仗跟过去不同，过去是为疆域而战，为土地和人口而战，这次却是为盐而战：辽国人溜进河北，倾销他们的低价盐，宋朝方面当然要反倾销，谈判桌上谈不拢，于是开打。

辽国为什么要在宋朝卖盐呢？因为有利可图。

宋朝搞食盐专卖，政府垄断盐业生产，在山西、陕西建造盐池，在山东、浙闽围起盐场，在四川、贵州开凿盐井，将农民变成制造食盐的工人，免除他们的农业税，发给他们口粮和薪金，让他们世世代代在盐池、盐场和盐井里劳作，平均每年完成的生产任务高达三亿斤。

盐工生产出这么多食盐，不能卖，全部上缴朝廷，让朝廷来卖。朝廷怎么卖呢？通常是高价批发给有特许经营权的盐商，再由盐商以更高的价格卖给坐商和老百姓。有时候朝廷也会绕开盐商，直接开设官盐店，让老百姓去官盐店里买盐。

朝廷发给盐工的工资是很低的，“人给米日二升，户给钱四万”（《宋史·食货志·盐上》）。每人每天给两升米，每个家庭每年补贴四万文。而在卖盐的时候，政府的定价却非常高，北宋末年的权相蔡京算过一笔账：“河北、京东末盐，客运至京及京西，袋输官钱六千，而盐本不及一千。”盐商们从河北和山东的国营盐场采购成品盐，每袋盐要花六千文，而每袋盐实际的生产成本不到一千文，政府倒手赚了五倍有余，明显是暴利。

官盐太贵，老百姓吃不起，就会买相对便宜的外地盐。坦白讲，辽国盐的生产成本并不比大宋低，可是辽国政府不那么贪心，不会翻几倍加价，售价要比宋朝官盐便宜，所以宋朝老百姓会选择买辽国盐。

从政治角度讲，宋朝老百姓这样做是不对的。辽国是敌对势力，你不买朝廷的盐，却买敌人的盐，本该朝廷挣的钱，你让敌人挣了，你这是赞助敌人。可是老百姓不懂政治，只懂生存，为了降低生存成本，谁的盐便宜，他们就买谁的盐。宋朝的愤青好像也不懂政治，他们完全可以发起一场“抵制辽盐”的运动，但是史料里没有记载这样的壮举。

史料里只记载了包公的壮举。

包公给时任三司使的张方平（也就是被他弹劾过的那位低价买房的大臣）上书，借张方平之口说服仁宗皇帝，取消了河北地区的食盐专卖。包公的理由是这样的：河北紧临大辽，属于军事特区，军民一心抗辽是重中之重。我们官盐售价高，辽盐自然受欢迎，我们禁止老百姓买辽盐，老百姓一定恨我们，民心一失，大势必去，百姓跟辽人合伙造反，我们只能倾全国之力来镇压，“所得盐利能补用兵之费乎？”（《武溪集·论河北榷盐》），通过食盐专卖获得的利润还不够发军饷。朝廷认为有道理，于是暂时停止食盐专卖，让河北百姓自由买盐。

河北的食盐战争消弭了，陕西的食盐改革又开始了。包公去陕西做转运使，发现陕西的食盐专卖不得人心。第一，将盐场的盐运往各地，用的是农民，当地农民家有一贯财产，就要负责运送两包食盐，车要自己备，路费要自己出，一路上的吃穿用度都要自己承担，官方不给一分钱，纯属劳役；第二，所有盐店均为官营，没有中间环节，不许私商介入，试图独霸所有利润，但是由于官盐店的营业人员端着铁饭碗，干好干坏一个样，人浮于事，上班迟到，脸子难看，以次充好，老百姓去买盐，要受一肚子窝囊气；第三，管理盐场与盐店的官吏监守自盗，或偷卖官盐，或用价格低廉的私盐冒充官盐，或者直接侵吞盐利，将卖盐的收入瓜分了。包公向朝廷报告说，陕西盐法弊端太多，民间怨气很大，朝廷的收入却没有增长。当时朝廷正准备跟西夏打仗，陕西是战略前线，朝廷担心变法会造成政局动荡，所以没有采纳包公的报告。

一年后，包公调任“三司户部副使”，去财政部做了官，再次给仁宗分析陕西盐法。他说：“差役兵士牛车及逐州衙前等，搬运盐席往诸州，官自置场出卖，以致兵士逃亡死损、公人破荡家业，比比皆是，所不忍闻。”陕西盐法实行官产官运官卖制度，士兵、衙役、老百姓轮班运盐，负担极大，导致很多人破产。“令客人于沿边州军入纳见钱，收籴军粮，免虚抬贵价、入中斛斗于榷货务大支官钱，兼宽得诸般差役劳扰，此乃于国有利，于民无害。”必须将官运官卖改为商运商卖，让商人参与到食盐专卖中来。商人想买盐贩卖，就到边境州县衙门或军营里缴纳现钱与粮草，换到买卖食盐的支票和许可证，再去盐场装载与其上缴现钱和粮草等值的食盐，自己运输，自己出售。这样一来，百姓没有了运送食盐的劳役，朝廷没有了监守自盗的风险，对国家和人民都是有利的。

包公还说：“法有先利而后害者，有先害而后利者。若复旧日禁榷之法，虽暴得数百万缗，而民力日困，久而不胜其弊，未免随而更张，是先有小利而终为大害也。若许其通商，虽一二年间课额少亏，渐而行之，必复其旧，又免民力日困，则久而不胜其利，是先有小损而终成大利也。”每一项制度都有利有弊，有的先弊后利，有的先利后弊。如果继续在陕西搞官运官卖的老办法，国库一年会有几百万贯的进账，但是人民越来越吃亏，害处会越来越突出，这就是先利而后弊。如果实行通商的新办法，头两年可能国库受损（中间利润被商人拿走了），但是会慢慢好转，食盐专卖收入将稳步增长，越来越多，人民还减轻了负担，这就是先弊而后利。

宋仁宗从善如流，再次听从了包公的建议。陕西人民终于摆脱了买盐的困境。

相信读者朋友看得出来，包公是变法派，是熟知民情、懂得经济的变法派。他不是王安石那样的理想主义者，也不是司马光那样不懂经济的保守主义者（司马光认为“天地所生财货百物，止有此数，不在民，则在官”。财富总量是不变的，国富则民穷，民富则国贫，国家与人民不可能共同富裕）。

陈州放粮

元杂剧有一出《包待制陈州粜米》。

话说陈州大旱三年，颗粒无收，老百姓断了口粮。朝中大臣范仲淹一时糊涂，派了两个官二代去赈灾，向饥民出售官仓大米。这两个官二代分别叫刘得中和杨金吾，一个是刘衙内的儿子，另一个是刘衙内的女婿。杨、刘二位到了陈州，将本该五两一石的大米抬价一倍，卖米的时候再克扣三成，称量百姓银两时还压低重量：十两一锭的银子上称去称，只剩八两；二十两一锭的银子上称去称，只剩十六两。一个买米的饥民骂他们欺瞒朝廷，克扣百姓，竟然被刘得中用紫金锤活活打死。

受害者的儿子去开封府告状，时任开封府尹的包公接了状子，去陈州查明案情，砍了杨金吾的脑袋，又让受害者的儿子亲手为父报仇，用紫金锤打死了刘得中。

2008 年电视剧《新包青天》也拍了类似的故事：陈州大旱，国舅庞昱奉命赈灾，却克扣赈款，强抢民女，百姓恨之入骨。开封府尹包公在南侠展昭的协助下，一边去陈州放粮，一边查明罪证。通过巧设计谋，包公用御赐龙头铡处决了庞昱，释放了民女，将粮食发给了饥饿的百姓。在返回开封的路上，包公路过草桥镇，夜宿天齐庙，巧遇宋仁宗的亲生母亲、由于宫廷斗争而流落民间的李娘娘，不久又审出“狸猫换太子”一案……

戏曲与电视剧都属于艺术作品，不必与历史吻合，但是我们这本书旨在探明历史真相，所以有必要讨论一下“陈州粜米”或者“陈州放粮”在历史上的合理性。

宋朝陈州归京西路管辖，下辖宛丘、项城、商水、西华、南顿五个县，相当于今河南省周口市的一部分。包公是开封府尹，并不管辖陈州，陈州百姓在陈州受了冤屈，如果想去上一级衙门告状，只能去京西路提刑司，或者去御史台，或者直接到登闻鼓院告御状，而开封府是没有受理权的。开封府尹也没有资格越境到陈州赈灾和审案。即使包公奉了皇帝特旨，也要先辞去开封府尹一职，换上“权京东西路提刑使”之类的临时职衔。

包公曾经做过京东转运使。按北宋前期官制，转运使除了管财政，还有赈济和问案的权力，而京东转运使辖区含今山东大部，包括豫东的一部分，并不包括陈州。宋朝皇帝非常看重地方官的管辖权问题，每个地方官都只能处理自己管辖区域内的事务，并且在任职期间严禁越境，胆敢犯禁，必遭罢官。所以，包公陈州放粮的故事仅仅是故事而已，它在历史上不可能发生。

查四库全书本《孝肃包公奏议》，包公一生中或许只做过一件与陈州有关的事情，那就是帮陈州百姓说情，免除了官府强加给他们的一些不合理负担。

宋仁宗庆历三年（1043 年）冬天，陈州遭遇了一场多年不遇的暴风雪（注意，并非大旱三年），五个县的庄稼毁坏大半，大量的桑树被刮折。次年春天，持续严寒，温度迟迟不回升，误了播种和养蚕。陈州知州任中师请示上级衙门京西转运司，希望能减免庆历四年（1044 年）的赋税。京西转运司批复道：“夏税大小麦与免支移，只令就本州送纳见钱。”

这句批复是什么意思呢？“夏税大小麦”指夏天农民收获后，需要向官府缴纳的大麦和小麦，俗称“公粮”。往年缴纳公粮，全靠农民自己搬运，官府让送到哪里就送到哪里。比如说官府要求送到县级衙门，走几十里路就能送到；如果要求送到转运司衙门，则可能要走几百里路，谓之“支移”。古代交通不便，支移最耗农时，是横加在农民头上的重担。因为陈州受灾，所以京西转运司格外开恩，让农民送到陈州官仓就行了，不用再往转运司衙门送。又因为陈州歉收，农民缺少粮食，所以京西转运司免收粮食，只让农民缴纳与粮食等价的现金。

刚接到批复，陈州知州任中师还没有来得及替农民高兴，京西转运司又发来一个补充文件：“将大小麦每斗折见钱一百文、脚钱二十文，诸般头子仓耗又纳二十文。”不是让农民用现金替代粮食吗？每斗粮食按一百文折算。不是免除了农民“支移”吗？运费还是要出的，每斗粮食补缴二十文运费。官府收纳田赋，由于老鼠、风雨与贪官污吏上下其手，每年都有损耗，这笔损耗也得让农民补上，每斗粮食再补缴损耗二十文。

任中师一算账，每斗要缴一百四十文。市面上麦子售价是多少呢？每斗五十文。陈州农民受灾之后，田赋不但没减少，反而增加了两倍！任中师大怒，但是身为京西转运司治下的小小地方官，他敢怒而不敢言。

这时候，为陈州百姓主持公道的人站出来了。这人是谁呢？正是包公。

包公没有资格插手陈州政务，但是他有资格给皇帝写奏章。他仔细调查了陈州田赋征收情形，发现除了公粮征收外，蚕盐的征收也极不合理。原来养蚕地区的农民有向官府缴纳蚕丝的义务：每年二月初，官府按照家庭人口数量给每家每户配发食盐，差不多够一年食用，到了六月底，蚕事结束，蚕丝上市，再让农民用蚕丝来偿还，这就是所谓的“蚕盐”。

前文说过，陈州遭遇暴风雪，桑树被刮折大半，养蚕要等到来年。农民没有蚕丝，自然无法偿还蚕盐，于是京西转运司再次开恩：“蚕盐一斤，一例折作见钱一百文，又将此一百文纽作小麦二斗五升，每斗亦令纳见钱一百四十文，计每斤蚕盐却纳三百五十文。”春天配发给农户的食盐，按每斤折价一百文计算，再将一百文折算为小麦两斗半，每斗小麦折价一百四十文，农民需要按照每斤盐三百五十文的标准来偿还。市面上官盐价格又是多少呢？据《续资治通鉴长编》第一百五十八卷记载，宋仁宗庆历六年（1046 年），“官盐鬻于市，斤为钱百四十”。一斤官盐售价一百四十文。通过让农民偿还蚕盐，京西转运司可以赚两倍多的差价！对于这种极其无耻的巧取豪夺，包公用了八个字来总结：“非常暴敛，小民重困！”官府横征暴敛，百姓难以存活。

包公在奏章中写道：“欲乞特降指挥，令本州岛疾速依见今在市二麦实价估定钱数，令民取便送纳见钱，或纳本色。……兼虑本路应系灾饬州军，或有似此重行折变之处，亦乞特行勘会，速赐指挥，若少稽延，恐无所及。”希望皇上赶紧下旨，让陈州官员赶快按照现在市面上大麦与小麦的实际价格算出合理的田赋，让百姓有钱的缴钱，有粮的纳粮。京西路除了陈州，还有别的地方也受了灾，其中很可能还有像陈州一样应上级要求盘剥百姓的州县，也希望皇上赶紧下旨，彻底清理不合理的田赋，否则老百姓就要被逼上绝路了。

包公的担忧非常有道理。在宋朝，包括在其他朝代，农民从来都不可能按照朝廷规定的标准缴纳田赋，因为地方官总会设下种种圈套，或将粮食折成现金，或将铜钱折成白银，或将劳役折成税费，或将本来并不存在的损耗层层加码，统统折到田赋中去。每一次折算都严重偏离市场价格，但是农民必须照办，否则要么锒铛入狱，要么背井离乡。地方官为什么要这样做？一半是为了贪污，一半是为了向朝廷进贡——多收的赋税称为“羡余”，可以送给中央财政，可以送进皇帝的私人金库，皇帝一高兴，自然升你的官。

宋朝皇帝爱惜百姓，可是他们也爱钱，因为大臣的俸禄惊人，又有冗官冗兵，还要向强大的邻国支付岁币，国库开支实在太大，按正常标准征收的赋税实在不够用。既然正常征收的赋税不够用，那就要默许各地转运使盘剥百姓，变着法子“创造”财路。

包公做过好几任转运使，但是他从来不盘剥百姓，仁宗对此表示赞赏，因为朝廷确实需要像包公这样坚持原则的大臣。对于那些“创造”

财路的转运使，包公也会写奏章弹劾（《孝肃包公奏议》中收录了几十篇弹劾各路转运使多征赋税的文章）。仁宗从不驳斥他的奏章，但是也从不罢免被包公弹劾的转运使，因为他确实需要几个为朝廷贡献更多财源的地方官。

我们说包公是财神，宋仁宗恐怕不会同意，因为包公不会进贡“羡余”。但是老百姓肯定将包公当作财神，因为包公通过坚持不懈的进谏和弹劾，尽他最大的努力保护了老百姓的合法财产。

第三章

传说中的断案如神

包 公 原 来 是 这 样

包公审过哪些案件

1993年版的《包青天》拍了两百多集，2008年版的《新包青天》拍了六十多集。《元曲选》收录公案剧目十九种，其中包公戏占了十一种。明朝万历年间的《百家公案》总共九十九回，每一回都是包公判案。明末清初刊行的《龙图公案》整整一百回，讲的也都是包公判案。现代京剧舞台上演绎的包公戏，如《铡美案》《打龙袍》《乌盆记》《赤桑镇》《铡包勉》《探阴山》，无一不是包公判案的故事。

实景剧《铡美案》。开封府景区供图

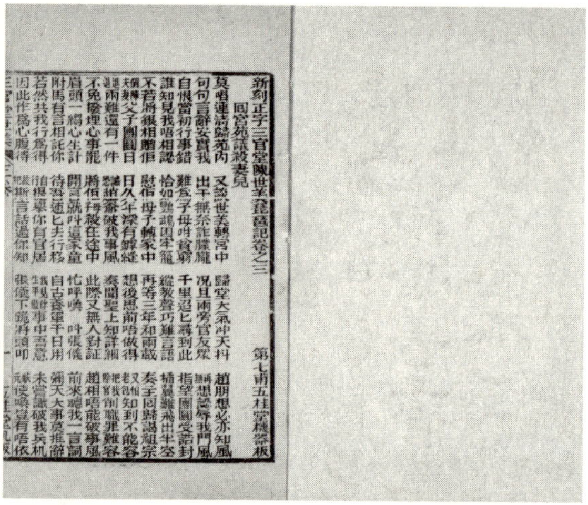

日本早稻田大学图书馆风陵文库馆藏《铡美案》唱本

以上提到的电视剧、公案小说、元杂剧、现代京剧，只要讲包公判案，其身份都是“龙图阁大学士”（实际上应该是“龙图阁直学士”）和“倒坐南衙开封府”的开封府尹。

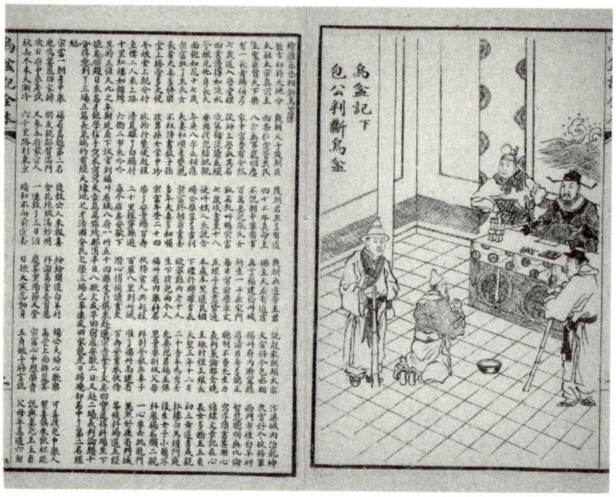

包公问案之《乌盆记》。日本早稻田大学图书馆风陵文库藏本

但是我们知道，包公在开封府尹任上只做了一年半左右，就算他不吃不喝不眠不休，每天二十四小时都在审案，也审不出一部两百多集的《包青天》。假如开封府真的有那么多冤案等着包公去审，就算包公不累垮，在开封生活的老百姓也太可怜了。

还是胡适先生说得好：“包龙图——包拯——也是一个箭垛式的人

物。古来有许多精巧的折狱故事，或载在史书，或流传民间，一般人不知道它们的来历，这些故事容易堆在一两个人的身上。在这些侦探式的清官之中，民间的传说不知怎样选出了宋朝的包拯来做一个箭垛，把许多折狱的奇案都射在他身上。”

如果您觉得胡适的表述不够浅白，再来听听清代的说书先生是怎么解释的：“愚下所说的这一部《龙图公案》，通是胡诌。怎么能一天一天地书馆里说书呢？列位自想：包公有多少真事？不过是没枝儿添枝儿、没叶儿添叶儿就是了。玉昆三爷说了一辈子的包公案呢，问问他哪一句不是胡诌呢？只要诌出理来，就是好书。”评书大家石玉昆说了一辈子的包公案，最后结集为长篇侠义小说经典之作《三侠五义》（电视剧《包青天》《新包青天》和《少年包青天》均取材于此书），但他讲的不是真事，而是编出来的故事。艺术作品就是这样，只要您编的故事足够好看，那就放心大胆地编，我们现在看到的包公判案故事几乎都是这样编出来的。

那么真实的包公究竟审理过哪些案件呢？我从《宋史》《仁宗实录》《孝肃包公墓志铭》以及宋代文人笔记中统计了一下，非常少，大概只有这么几宗：

宋仁宗景祐四年（1037年），包公在安徽天长县做知县，有一户农民家里的耕牛不知被谁割去了舌头，向包公报案，包公通过巧妙谋划，找到了作案人。

宋仁宗皇祐二年（1050年），开封平民冷青胆大妄为，冒充皇子，开封府官员不辨真假，将冷青赶出了开封。当时包公奉命“知谏院”，临时奉旨查办此案，审明了冷青的真实身份。

宋仁宗嘉祐元年（1056年）腊月，或者嘉祐二年（1057年）的上半年，包公担任开封府尹期间，有人拿着欠条起诉某位高官，说他欠钱不还，包公当堂判决，让高官偿还了欠款。

同样是包公担任开封府尹期间，有两个人在一起喝酒，其中一个人喝醉了，怕藏在袖子里的金子丢失，交给另一个人保存，次日酒醒去要金子，对方竟然矢口否认。这个人非常生气，去开封府告状，包公又通过巧妙谋划，帮这个人讨回了金子。

仍然是包公担任开封府尹时期，一位名叫章惇的年轻进士不知廉耻，跟叔叔的小妾通奸被人发现，因为怕挨打，跳墙往外逃，一脚踩到墙外一个老太太的头上，把人家踩伤了。章惇的叔叔倒没有报案，这位老太太去报了案。但是包公没有重判章惇，罚了他一笔钱，就放他回家了。

我将以上案件分别简称为“盗割牛舌案”“冒充皇子案”“欠钱不还案”“醉酒失金案”“章惇通奸案”。大家可以数一数，总共五宗，其中在开封府尹任上审理的案子只有三宗。

据明朝嘉靖年间修撰的《池州府志》，包公在安徽池州做官时还审过两宗案子，一是“辨浮江尸”，二是“辨瘗僧冤”。具体案情如何，志书里没写，前者或许是包公从江面上飘来的一具无名尸体发现了蛛丝马迹，审明了一宗冤案；后者或许是某位僧人做好事，帮忙掩埋无主尸体，结果被人当作杀人藏尸的凶手送进大牢，幸亏包公英明神武，替他辨明了冤屈。这两宗案子在包公墓志铭和宋人笔记中都没有记载，出现于包公死后五百年的志书中，很可能也是来自民间传说，是将别人审过的案子附会到了包公身上。

读者朋友千万要注意，虽然到目前为止，可以相信的只有“盗割牛舌案”等五宗案件，但这不表明包公只审过五宗案件。他当过知县、知州、知府，都是有问案权的地方官，他审过的案件肯定不止这些，只是我们现在能读到的文献里没有记载罢了。

包公擅长引蛇出洞

前文说包公受理“盗割牛舌案”，通过巧妙谋划找到了作案人，他是怎样巧妙谋划的呢？

其实很简单。包公对哭哭啼啼的报案人说：“别伤心了，反正你的牛没了舌头，吃不成草料，活不了几天了。你听我的话，现在回家去，把那头牛杀了。”报案人不得不照办，回去把牛宰了。第二天一大早，包公刚升堂，就有人跑来向他举报：“报告大老爷，我家邻居某某某私宰耕牛，您应该派人把他抓起来！”包公一拍惊堂木：“呔！原来某某某的耕牛就是被你割了舌头！你割了他家牛的舌头，又举报他私宰耕牛，是不是跟他有宿仇？”这个进来举报的家伙吓了一大跳，扑通一声跪倒在地，乖乖承认了自己的罪行。

开封府景区门前的照壁《獬豸图》。獬豸是中国古代神话传说中的神兽，擅辨是非曲直

现代读者可能看不懂，我来解释一下包公判案的逻辑：一个人偷偷割掉别人家耕牛的舌头，而没有偷走整只牛，那一定不是为了财，而是为了泄愤。谁会通过割牛舌这种手段来泄愤呢？一定是跟牛主人有仇的人。谁跟牛主人有仇呢？不知道。那么好，设下一个陷阱，让这个仇人主动现身。怎样让他主动现身呢？只需要让牛主人杀掉耕牛。众所周知，古代官府重视农耕，禁止民间私宰耕牛。如果牛病了、老了，不能耕田了，那么可以宰杀，但也要提前向官府申请，得到官府的许可。现在牛主人没有得到许可，私自宰杀耕牛，等于犯了禁令，仇人听到这个消息，一定会到官府举报，让官府惩罚牛主人，借此来报复牛主人。

包公的逻辑其实有漏洞。一个人偷割牛舌，未必是为了泄愤，也可能是因为嘴馋，想吃爆炒牛舌，所以才伤天害理，割了别人家的牛舌头。一个人到官府举报邻居私宰耕牛，未必是为了报仇，也可能是他原则性强，见不得别人违反禁令。但即使存在这样的漏洞，仍不妨碍包公行使他的计谋——反正牛舌头已经没了，早晚是死，宰就宰了吧。假如此计引不出作案人，也没有任何损失，继续想办法就是了。

前文还提到“醉酒失金案”：两个人喝酒，醉酒的一方将金子交给另一方保存，另一方矢口否认，拒绝归还，包公巧设机关，找到了另一方吞没金子的证据。包公到底设了一个什么样的局呢？

《孝肃包公墓志铭》中记载：“公密遣吏持牒为匿者自通取诸其家。家人谓事觉，即付金于吏。俄而，吏持金至，匿金者大惊，乃伏。”包公将原告与被告喊到堂上，然后让官差拿着公文去被告家里，对被告的妻子说：“你丈夫吞没人家的金子，经包大人一审，他在大堂上承认了，现在包大人让我来起赃，你快把那锭金子拿出来吧！”被告的妻子信以为真，将金子交给了官差。包公拿到金子，让被告跪到近前，再一拍惊堂木：“呔！你这个见利忘义的小人！你不是说没拿别人的金子吗？看我手里这块黄澄澄的东西是什么？就是刚才在你家里找到的！”被告大惊失色，无言以对，只好承认了吞没黄金的事实。

包公在这宗案子里有没有逻辑漏洞呢？当然有。宋朝尚未出现精密的指纹鉴定技术，只能用清晰可鉴的手印进行粗略比对，譬如辨别十根手指上共有几个“簸箕”几个“斗”，与手印是否一致。被告妻子交出的黄金上面肯定残留着指纹，可是凭借当时的技术，肯定分不出哪个指纹属于原告，哪个指纹属于被告，怎么知道被告家里的金子就一定是原告的金子呢？而且从现代法学角度来讲，包公让官差去被告家起赃，欺骗被告妻子，本身就属于诱供，通过诱供取得的证据在审判时不能被采信。

不过我们不能对包公要求太严，毕竟他是古人，我国古代的法律根本没有诱供之说。我国古代的法官与地方官常常是同一人，既管审案，又管刑侦，要抓捕嫌疑犯，还要处理许多财政事务，有时甚至还带兵，如省级司法长官“提刑使”就有兵权。职权如此庞大，事务如此繁杂，审案只能从快从简，不可能花费很多的时间寻找证据、核查证据。再说了，古代没有摄像头，没有通信记录，没有信用记录，证据很难找，许多案子只能通过哄骗、诱供、恐吓、刑讯这些在我们今天看来不正当的问案方式，让犯罪嫌疑人自己承认罪行。千万不要觉得古代中国太野蛮，同时期的欧洲还在搞“神判法”那一套呢！被告有没有罪，法官不知道，让神来决断。比如说让被告把手放到开水里，放到油锅里，放到狗熊嘴里，或者将被告捆起来往河里扔，或者让原告与被告决斗。如果被告毫发无伤，那就无罪释放；如果被告伤残或者死亡，说明他有罪。有罪怎么判？还需要接受刑罚吗？用不着了，因为神已经惩罚过了。跟野蛮黑暗的欧洲相比，中国还不算太野蛮，是吧？

古代官员问案，动用刑具的时候居多。刑讯逼供当然很野蛮，但是简单省事，效率很高，官老爷们想要什么样的供词，就能得到什么样的供词。古人云：“三木之下，何供不可求？”大板子打得皮开肉绽，木拶子夹得骨断筋折，无论有罪无罪，都会承认有罪，除非像江姐一样坚强不屈。关于这种情况，法国作家蒙田讲出了真相：“刑讯逼供不足以考察一个案件的事实，而只能考察一个人的忍耐力。能忍耐的人不说实话，不能忍耐的人说的是假话。”

相对而言，包公问案最为文明。从我们知道的案子来看，无论是牛舌案、失金案，还是欠钱不还案、章惇通奸案，都没有刑讯逼供的迹象。冷青冒充皇子那宗案子，包公奉旨严审，可能动了刑具，也可能没动，反正史籍没有记载。

既不动刑具，又缺乏证据，还想搞清真相，给出尽量公正的裁决，包公为此煞费苦心。审牛舌案，他用计谋让作案人站出来；审失金案，他用计谋让被告家属交出证据。他的计谋用四个字总结就是“引蛇出洞”。作为一个用妙计来问案的官员，他比那些用刑讯逼供问案的官员可爱多了，您觉得呢？

实景剧《包公断案》。开封府景区供图

刑讯逼供和神判法

真实的包公不喜欢刑讯逼供，被艺术化的包公却比较喜欢。

词话本《包公案》中，作恶多端的曹国舅拒绝招供，包公对他用刑："麻绳吊在高厅上，五十荆条当点心。国舅吊得肝肠断，打得两腿血淋淋。"仁宗的弟弟赵皇亲拒绝招供，包公也对他用刑："三十三升铁菱角，铺在厅阶下面存。抬上皇亲赵府主，铁菱角上见分明。来往四方都推遍，皇亲亦似鲜鱼鳞。"

清代说唱抄本《龙图耳录》第十九回，包公奉旨审郭槐（"狸猫换太子"一案的帮凶），用大板子打了屁股，用铁拶子夹了手指，郭槐都不肯招。包公的幕僚公孙策献计道："须想一个新奇法子，造一件别样的刑具，只伤皮肉，不动筋骨，务要叫他招承方好。"包公点头同意。这件"别样的刑具"叫作"杏花雨"，形状像洗衣店里熨衣服的大熨斗，但不是平面，底面全是铁钉，钉尖朝上，先用火盆烤红，然后命令四名官差用刑：三个人按牢郭槐，一个人拿起"杏花雨"的木柄，往郭槐的脊背上一放，郭槐皮肉被烧得嗞嗞作响，惨叫之声惊天动地。

艺术作品为什么要如此渲染包公的刑讯手段？是想展示包公的狠毒吗？当然不是。词话的听众也好，小说的读者也好，电视剧的观众也好，都很容易把自己代入故事中去。代入之后，每一位受众都与故事里的正面人物同呼吸共命运，对反面人物无不切齿痛恨，恨不得食其肉寝其皮。假如故事结局仅仅是将反面人物判处死刑，有时候是不能满足受众的。创作者为了满足受众，或者为了满足自己，不得不着重描述对反面人物的刑讯过程，使大家过一把瘾。

我们看包公故事，其实看到的不是包公，而是受众心理。我们可以感受到受众的疾恶如仇，也可以感受到受众的压抑和偏激。古代包公戏比较残忍，大团圆结局中往往还有反面人物的惨报，不是被一刀一刀凌迟，就是在包公的铡刀下被分成两段。现在电视剧里演包青天，血腥残忍的刑讯镜头就很少出现了。主要的原因是我们经受了现代法制的洗礼，呼吸着现代文明的空气，没有那么压抑，也没有那么愤恨了。比如说我们现在看《龙图耳录》，就会觉得那里面的包公有些残忍，因为产生这部艺术作品的朝代就是一个专制的社会。专制的社会催生残忍。

专制还伴随着愚昧，愚昧又伴随着迷信。明清两代将专制发展到了巅峰，所以明清两代的包公故事掺杂了大量迷信的成分，包公昼审阳间，夜断阴朝，有时候审问人，有时候审问鬼，有时候抓住一股风也能问案，在阴阳两界自由穿梭，成了半人半神的形象。鬼神也把包公当成自己人，在包公用计谋和刑讯都断不了案的时候，主动跳出来给包公帮忙。

可是鬼神又很怪，从不给予明示，总是提供暗示，让包公推理猜测。

随便举个例子。

明代长篇小说《百家公案》第十二回，一个姓高的农民进城缴纳田赋，不小心丢失了税款。高某到开封府报案，包公说："这银子虽在庙中失去，又不知是何人拾得，其事难以判问。"你丢银子是实情，可是附近没有摄像头，谁知道被谁捡走了？这种无名官司，让我如何办理？便将高某赶了出去。事后包公又想："某为民牧，自当与民分忧。民若有忧，为人上者不能为民理其事，亦守令之过也。"我是本地父母官，应该为老百姓服务，老百姓遇到困难，我不能帮忙解决，还把报案人赶走了，这是我的罪过啊！不行，我要赎罪！

包公捻着胡子想了半天，一条计谋也没有想到，只好写了一道祷文，去城隍庙烧香祭拜，祈求天神显灵，帮助查案。一连祈祷三天，城隍果真显灵——狂风大作，开封府衙门口飘落一片树叶。包公捡起树叶观察，叶片当中被虫子蛀了一个洞。包公略作推敲：树叶有孔，难道是一个叫叶孔的人捡走了税款？于是命两个手下去大街上高喊"叶孔"，果然有人答应，答应者果然捡走了税款，他的名字果然就叫叶孔。

再看《百家公案》第六十八回，某个年轻女子被砍头，找不到脑袋和凶手，宋仁宗命包公查办，包公束手无策。没办法也得查，包公抱着试试看的态度，让差官上街请了一个算命先生。先生推得周易六十四卦的遁卦，并写下卦辞道：

卦遇天山遁，此义由君问。

聿姓走东边，糠口米休论。

什么意思？看不懂，根本就是天书！可是包公英明神武，分析出了卦辞的含义：

阴阳之数，报应不差。当占卜之时，得卦辞未明其意，及再三思之，方解得其辞。前二句乃是助语，第三句云“聿姓走东边”，天下岂有姓“聿”者？犹谚“聿”字加一“走”字，却不是“建”字？“糠口米休论”，必谓“糠口”是个地名。及问之，又谓无此地名。想来“糠”字去了“米”，是个“康”字。离城九十里有建康一名，且建康是往来冲要处所，客商并集，我亦疑此妇莫被客商带走，故令彼邻里有相识者往访之，当有下落，果不出所料矣！

案子查明，那位被害的年轻女子并没有死，死的是一个替身，而真身被过往商贩掳走了。掳到了哪里呢？建康（今江苏南京）。包公怎么知道她被掳到了建康呢？因为卦辞中“聿姓走东边”是一个“建”字，“糠口米休论”是一个“康”字，两个字合起来，正是建康。

疑案难查，无头公案更难查，查来查去查不到，只好求助鬼神，请神仙帮忙判案，可见包公故事里也存在中世纪欧洲的神判法。但不同之处在于，欧洲的神仙比较直白，一是一，二是二，有罪就有罪，无罪就无罪，用不着让法官猜谜；我们的神仙比较含蓄，将判决线索藏起来，让法官绞尽脑汁来解谜，否则别想破案。

我们研读包公故事，读的不是神仙，也不是神判法，而是西方人与东方人的性格差异，是西方作家与东方作家的风格差异。西方人爱直接，神判也直接；东方人爱含蓄，神仙也跟着含蓄。西方作家着重写人性；东方作家特别是古代中国的作家，着重写故事，还特别喜欢在写故事的同时“掉书袋”。拆字，猜谜，将真相融入诗词或隐语。其实公案小说的受众以半文盲居多，对诗词和隐语根本不感兴趣。既然受众不感兴趣，作家为什么还要那样写呢？因为作家自己感兴趣，这样写着过瘾。

包公徇私的一面

好，我们把作家塑造的艺术包公放到一边，接着探讨真实的包公。

真实的包公在审案时，并不总是铁面无私，他也有徇私的时候。就拿“章惇通奸案”来说，章惇跟长辈的小妾通奸，还踩伤别人，包公只是判处罚金，算不算徇私枉法呢？

按北宋法典《宋刑统》：“和奸者，男女各徒一年半，杖一百。”男女通奸，各判一年半徒刑，各打一百大板。

《宋刑统》又规定："奸小功以上亲、父祖妾及与和者，谓之内乱。"与堂祖父、祖父、堂叔父、堂伯父、父亲、外祖父、舅父等长辈的小妾通奸，谓之"内乱"。内乱、欺君罔上、反叛国家、不孝父母、恶性杀人，都属于"十恶不赦"之罪，应该从重判处，不许减刑，不许赦免，更不许用罚金来代替刑罚。

章惇与人通奸，本应判处徒刑一年半，打一百大板。而他通奸的对象又是"小功以上亲、父祖妾"，属于"十恶不赦"，更应从重判处，如徒刑两年，打一百二十大板。可是包公不但不重判，反而轻判，一不判徒刑，二不打板子，仅仅罚金了事，是不是徇私枉法？坦白讲，真的是徇私枉法。

章惇字子厚，宋仁宗嘉祐二年（1057 年）中进士，长得很帅（怪不得堂叔小妾愿意跟他好），性情高傲，后来管过民政，管过财政，带兵平定过湖北叛乱，是一个特别有才干的人。王安石变法，章惇做副手，帮忙出谋划策，很受王安石的器重。王安石下野后，他做宰相，虽然在政治上排除异己，到处树敌，但是在军事上很有办法，吞并了吐蕃后裔唃厮啰，收复了被西夏占领的一些疆域。

包公担任开封府尹的时候，章惇还是个毛头小伙，尚未崭露头角。但是包公跟他父亲章俞的关系很好，大家同朝为官，不便让同僚的儿子受刑，更不想将此丑事张扬得满城风雨。所以，包公包庇了章惇，稀里糊涂结了案。为什么要判处罚金呢？估计是为了赔偿那位被章惇踩伤的老太太吧!

包公包庇章惇一案，出自司马光的记载。司马光言简意赅：“时包公知开封府，不复深究，赎铜而已。”所谓“不复深究”，正是徇私枉法的委婉说法。那么包公判案的时候会不会被章惇或者章惇的父亲收买了呢？应该不会。按照包公的秉性，他这次徇私，为的不是财，而是同僚的脸面。或者更准确地说，是为了维护封建礼教的脸面。

用我们现在的眼光看宋朝官员判案，有时会觉得他们的想法很奇怪。

比如说南宋有一个非常无耻的老人，竟然对自己的儿媳耍流氓，他儿子到衙门控告，地方官竟然将儿子打了一百板子，理由是“父有不慈，子不可以不孝”，纵使果有新台之事，“只当为父隐恶，遣逐其妻足矣”。当爹的可以不慈，当儿子的不能不孝，即使父亲对媳妇耍了流氓，也应该隐瞒父亲的恶行，将妻子赶走，让父亲没机会继续耍流氓就是了。请问诸位朋友，您听说过如此浑蛋的逻辑吗？但是这个逻辑堂堂正正地记载于南宋判案精选集《名公书判清明集》中，宣扬这个逻辑的法官是南宋名臣胡颖。胡颖跟包公一样是个清官，学问很大，威望很高，政绩很多，观念很封建。

《名公书判清明集》中还有一个案例：某举人与邻居家的童养媳通奸，致其怀孕，邻家告上衙门，却遭到举人同胞兄弟的殴打。您猜法官是怎么判的？那个与人通奸的举人本应被判处徒刑，但因为他是举人，所以被免予刑罚，派衙役将其扭送到府学，让校长打他二十荆条，警告他不要再犯。举人的弟弟殴打原告，本应被判处杖刑，但是因为他在替哥哥出头，“以爱兄之道”，无罪释放。举人犯罪就能免除刑罚，为兄长出头就能随便打人，北宋法典《宋刑统》没有这样写啊！南宋法典《庆元条法事类》也没有这样写啊！堂堂地方官怎么能不尊重法律条文呢？怎么能按照自己的逻辑胡乱判决呢？

事实上，宋朝官员并不认为这样的判决是徇私枉法，因为他们多数是儒家门徒。在儒家门徒特别是理学门徒的心目中，上下尊卑比社会公正更重要，封建礼教比法律条文更重要，用南宋理学名臣真德秀的话说：“至于听讼之际，尤当以正名分、厚风俗为主。”父子之间的名分可以超越法律，家丑不可外扬的礼俗可以掩盖事实，法官判案不需要遵循法典，遵循《论语》和程朱著作就可以了。

由此推想，包公包庇章惇时，肯定不认为自己在徇私枉法，他依然正气凛然，依然铁面无私，因为他维护了另一套正义——儒家的正义。很多学者都说包公是法家，但是从章惇一案来看，包公身上散发出了浓浓的儒家气息。

包公护短的一面

说完了包公徇私的一面，再说包公护短的一面。

据《宋史翼》记载，包公有一个门生，名叫王尚恭，在开封府阳武县（今河南省新乡市原阳县）当知县，因某宗案子判得不公，当事人上诉到开封府，请包公复审。包公一看状子，此案已被门生审过，当即扔到了地上，说："既经王宰决矣，何用复诉耶？"既然我的学生王县长都审过了，还用得着复审吗？把状子拿回去，恕不受理！

王尚恭是包公的门生，也是包公的下级，包公喜爱他、信任他，认为他不会犯错，所以连案情都不看，直接发还。由此可见，包公有些武断，也有些护短。

由于护短，包公有一回差点酿成大错。

《续资治通鉴长编》第一百九十卷记载，宋仁宗嘉祐四年（1059年），包公初任三司使，他的下属，一个负责为军队发放饷银的度支判官，拖欠军饷八十五天，激起了兵变。朝中同僚对包公说："你那个下属严重渎职，必须立即抓起来，不然我们没办法平息兵变。"但是包公护短，一直拖着，直到别人写奏章弹劾他，他才迫不得已交出了下属。包公一生都在弹劾别人，这回竟然被别人弹劾了。他该不该被弹劾呢？该，谁让他护短呢！兵变岂是小事？拖欠军饷岂是小罪？这种事护短，简直不分轻重。

包公秉性刚直，刚直的人一般都有些刚愎自用，相信自己就是对的，自己用的人就是好的，你说我的人有错，我不听！

《续资治通鉴长编》第一百九十卷还记载，包公担任三司使时，恰逢河北边境大裁军，一万多名士兵被迫复员，丢了饭碗。有一个士兵名叫张玉，误以为裁军是包公的主意，于是冲进三司衙门，指着包公的鼻子大骂，随即被包公的护卫捆倒在地。小小兵丁辱骂大臣，那还了得？送到开封府必死无疑。可是包公的性格就是这么古怪，他自己刚直，也喜欢别人刚直，张玉骂他，他反倒欣赏："嗯，不错，这小子有个性！"仁宗皇帝很快听到了消息，命开封府逮捕这位敢辱骂包公的小兵，包公却跟仁宗说谎："我刚才让医生诊断过，这个人是疯子，放他走好了。"

这段故事容易让我们想起《鹿鼎记》里的韦小宝。韦小宝打道回府，被江洋大盗茅十八指着鼻子大骂，骂得恶毒极了。康熙皇帝听说此事，让御前侍卫去抓人，要亲自审问，韦小宝拦着不让，对侍卫说："已详细审过，原来是个疯子，这人满口玉皇大帝、太上老君的胡说八道，兄弟问不出什么，我狠狠打了他一顿，已将他放了。"你看，包公的做法跟韦小宝一样，都是为了保护辱骂他的人。

可惜的是，包公没能保住张玉的性命："诏下开封察其事，玉实无心疾，台谏乃言玉骄悖，敢凌辱大臣，不可不诛。法官奏比附诸军犯阶级，罪当死，遂诛之。"皇帝不相信包公的话，让开封府仔细审问，一审就知道，张玉没疯，于是砍了他的脑袋。幸亏仁宗没有追究包公欺君的责任，否则包公也会受到处罚。

包公为了回护一个小兵，不惜犯下欺君之罪，这次不是护短，是珍惜别人的生命，是刚直对刚直的惺惺相惜，是包公的又一可爱之处。

包公刚愎自用的一面

司马光做过包公的下属，对包公有所了解，他在《涑水纪闻》中评价道："拯为长吏，僚佐有所关白，喜面折辱人，然其所言若中于理，亦幡然从之。刚而不愎，此人所难也。"包公当领导，对下属很不客气，下属说得不对，他一顿狠批，丝毫不给人家留面子，有时骂得狗血淋头。骂过以后，发现骂错了，又主动跟人家承认错误："对不起，还是你对，我错了，就按你说的办。"性情刚直，但是不刚愎，难能可贵。

其实司马光对包公还是过誉了，包公不但刚直，而且刚愎。

我们来看看沈括是怎么说的。

沈括的《梦溪笔谈》中记载，包公任开封府尹，大家都夸他明察秋毫，但他却被一个衙役蒙蔽了。说是某平民百姓犯了罪，成了被告，应该打板子，怕疼，跟衙役行贿，希望少挨两下。衙役说："如果是别的老爷坐堂，你给他塞些钱，他一定给你减刑。可是我们这位包老爷与众不同，他不爱钱，你向他行贿，他会重重地判你。我给你出一个主意，你过堂时拼命喊冤，我在旁边呵斥你，这样包大人就会打我的板子，将你无罪释放。"

果然，一会儿过堂，被告大喊冤枉，包公尚未开言，衙役在旁喝道："但受脊杖出去，何用多言！"说你有罪就有罪，喊什么冤枉？等着挨板子吧，少啰唆！于是包公中计了，以为被告真的冤枉，而衙役受了原告的贿赂，所以才呵斥被告。包公不再细审，命人将衙役按倒在堂下，噼里啪啦揍了一顿。原告呢？无罪释放。

人人都夸他明察秋毫，包公就自以为明察秋毫，他过于相信自己的判断，刚愎自用，所以他被一个衙役蒙骗，判了一个错案。

不过总的来说，包公在古代仍然是一个好法官。他有徇私的一面，有护短的一面，有刚愎自用的一面，那都是小节。至于大节，他仍然称得上清正廉明、刚正不阿，既精明又能干。

宋人笔记《却扫编》记载，包公初任开封府尹，幕僚与衙役想试试他的深浅，看他到底通不通政务，会不会判案。如果觉得包公是一个可以糊弄的笨蛋领导，那以后就糊弄他好了，大家想徇私就徇私，想舞弊就舞弊，想贪污就贪污，想腐败就腐败，明目张胆地发大财。这些人将前任领导没有处理完的案子都搬出来，呼啦一下堆在包公的办公桌上，让包公看着办。包公不慌不忙，先命所有人员来到堂上，再关上大门，严禁出入，然后他一份一份审阅案卷，决断不了的疑案暂放一边，证据确凿的案子当堂宣判，发现案卷中有哪个人受贿舞弊的蛛丝马迹，立即喝令捆起来打板子。经此一役，包公一战成名，"自是吏莫敢弄以事"。从此下属们再也不敢在他面前捣鬼了。

再看司马光《涑水纪闻》的记载："包希仁知庐州，庐州即乡里也，亲旧多乘势扰官府。有从舅犯法，希仁挞之，自是亲旧皆屏息。"包公回合肥老家做知府，亲戚朋友都以为有了靠山，仗势欺人，把持官府。依包公的性格，岂能容忍他们胡来？他决定杀一儆百，给亲友们一个教训。有一个堂舅（母亲的堂兄弟）犯了罪，包公从重判处，砍了这个堂舅的脑袋。从此以后，那些故友亲朋都老老实实做起了守法良民。

另一部宋人笔记《独醒杂志》还记载了包公任开封府尹时的一件逸事。

开封城失火，包公率领军民紧急扑救，一边指挥着兵丁用钩杆拉倒着火的房屋（防止延烧），一边让其他人飞速去担水灭火。正忙得不可开交，一个小混混故意跑来捣蛋："取水于甜水巷耶？于苦水巷耶？"你只说让我们担水，没说去哪儿担啊，请问是去甜水巷取水，还是去苦水巷取水呢？包公不理他，扭头对护卫说："将这厮给我砍了！"护卫一刀下去，小混混就见了阎王。

人家只是捣乱而已，罪不至死，包公凭什么当场杀人呢？因为那是救火的危急时刻，需要齐心协力、众志成城，包公不杀他，可能还会有人捣乱，使得大家都不听指挥，岂不误了大事？包公雷厉风行，说杀就杀，说明他办事果断。当然，这个故事也有虚构的成分。

三口铜铡是真的吗

到了戏曲中，包公杀人的权力就更大了。包大人一升堂，先将三种杀人刑具摆出来：龙头铡、虎头铡、狗头铡。铜铸的铡身金光闪闪，雪亮的铡刀令人胆寒，铡刀的木柄溜光水滑，不知道铡死了多少坏人。胆小的犯人上了堂，不用动刑，先给他看看这三口铜铡，就能让他魂飞魄散，当堂招供。

后人根据戏文“复原”的三口铜铡。开封府景区供图

戏曲中包公问案，效率高得很，审完就判，判完就铡，完全没有死

刑复核程序。从京剧到豫剧，包公戏总是随着包公一声“开铡”的怒吼进入高潮，以至于很多剧种干脆就将“大铡”定为包公戏的戏名。例如，河南豫剧有四大铡：《铡美案》《铡赵王》《铡郭嵩》《铡郭槐》。湖北汉剧也有四大铡：《铡美案》《铡包勉》《铡国舅》《铡判官》。

京剧《铡美案》开场，包公先有一首定场诗：

铁面无私坐南衙，文臣武将胆战麻。

任他皇亲并国戚，犯法难逃虎头铡。

京剧《花蝴蝶》（一名《鸳鸯桥》，又名《盗玉马》）第三场，包公上场时先唱一段西皮快板：

谁人不知包青天，

我身边随带着张龙、赵虎、王朝和马汉，

三口铜铡神鬼寒。

一路上断了些个无头案，

捉恶霸，断土豪，灭却赃官。

黑驴告状真奇案，

夜断乌盆伸过冤。

只因错断颜查散，

地府阴曹铡判官。

十里长亭铡包勉，

有那屈死枉魂速来伸冤。

总而言之，包公戏离不开铡刀。在电视剧《包青天》中，铡刀更是必不可少的道具：国舅赵国栋欺男霸女，被铡；太监郭槐暗害李娘娘，被铡；卖乌盆的小贩丁千谋财害命，被铡；赵王爷强抢民女，被铡；郡王石国柱刺杀皇帝，被铡……隔不了几集，包公就要用他的铡刀铡一个坏人，让观众过一过打黑除恶的瘾。在戏曲与电视剧的影响下，现在开封著名景点“开封府”的大堂上也陈列着三把铡刀，有演员扮演包公、衙役和护卫，每天在开封府里上演“开铡”。

被艺术化的包公可以开铡，真实的包公可以开铡吗？应该是不行的。

按照宋朝法律，无论多么罪大恶极的不法之徒，只能“享受”五种刑罚：笞、杖、徒、流、死。“笞”是用小板子打屁股，“杖”是用大板子打屁股或打脊背，“徒”即徒刑（同时附加打板子的刑罚），“流”即流放（也附加打板子的刑罚），“死”即死刑。

按照犯罪程度的轻重，死刑又分为三种：绞刑、斩首、凌迟。用铡刀铡掉人的脑袋，或者从中间铡成两段，在宋朝属于“非刑”，即非法用刑。非法用刑倒不是没有，如宋太宗太平兴国七年（982年），民间有八人结为异姓兄弟，购置兵器，聚众谋反，被地方官用招安的方式骗进大牢，然后用大铁钉活活钉死。宋真宗天禧四年（1020年），民间有人伪造天书，自称皇帝，真宗下旨将其钉在柱子上示众三日，砍去手脚，割掉鼻子，挖出眼睛，砸碎膝盖，摘下睾丸，最后才砍下头颅。又据《宋文鉴》第四十二卷记载："今日行劫杀人及造恶逆者，或时有非常之罪者，不从法司所断，皆肢解脔割，断截手足，坐钉立钉，悬背烙筋。……长吏残暴，更加增造取心活剥，所不忍言。"对于犯下大罪的犯人，官府往往非法用刑，或剁掉双腿，或砍断双手，或钉穿身体，或烙焦筋骨，甚至还有非常残暴的地方官挖人心肝、活活剥皮，残忍到让人不忍细看的地步。甚至北宋名臣富弼处置兵变，两千多名士兵被他擒获，审出其中四百人是始作俑者，按律应处斩刑，但是富弼竟然按照战国旧法，将这四百人一起活埋。

宋朝官员非法用刑确实不鲜见，但在当时的史料中并没有使用铡刀的记载。倒不是说宋朝官员认为铡刀比剥皮挖心还要残忍，因而不忍心使用，而是因为宋朝尚未出现铡刀。

铡刀很可能是蒙古人发明的——冬季养马，需要将储备的干草切碎，铡刀可以切割得很均匀，省时省力，非常好用。元朝以前，中国史籍和戏曲中没有出现过铡刀。到了元朝，铡刀突然粉墨登场，在元曲、元杂剧与元人笔记中独领风骚数百年。包公用铜铡惩治罪犯的形象，正出自元代剧作家之手。

在元杂剧《包待制智勘后庭花》中，包公向上司要求全权审案，上司道："与你势剑铜铡，限三日便与我问成这桩事。"在元杂剧《包待制智勘灰阑记》中，包公自己唱道："可知道为兄妹之情，两次三番，在公厅上胡言乱语的，若不是呵，就把铜铡来切了这个驴头。"另一出元杂剧《叮叮当当盆儿鬼》第一次塑造了官府大堂横摆铜铡的恐怖景象："俺则见狠公吏把荆杖挝，恶曹司将文卷押，两边厢摆列着势剑铜铡，中间里端坐个象简乌纱。"后世长篇小说《三侠五义》中开封府的陈设，电视剧《包青天》中开封府的道具，归根结底来源于此。

元代剧作家为什么要给包公配备铡刀呢？可能是因为铡刀铡人的场景确实恐怖，可能在元代社会中确实发生过蒙古官吏用铡刀杀人的事件，但最关键的还是因为元朝有了铡刀。假如让宋朝人创作包公戏，铡刀就不可能出现在道具清单里，包公想把人弄成两截，只能用大斧子执行腰斩。

尚方宝剑是真的吗

除了三口铜铡，包拯包大人还有一个更厉害的法宝：尚方宝剑。

在豫东道情《铡国舅》这出戏中，包公要铡国舅庞昱，遭到老太师庞吉免死金牌的阻挠。三口铜铡威力虽大，遇见免死金牌就不好使了，老太师金牌一晃，无人胆敢上前。但是包公一点儿也不怵，因为他还有皇上御赐的一把尚方宝剑，拥有先斩后奏之权。庞太师的免死金牌见了包青天的尚方宝剑，登时灰头土脸败下阵来，还是挡不住包公将庞昱处决。

周星驰主演的电影《九品芝麻官》中也出现了尚方宝剑：八府巡按包龙星正要铡一个杀人满门的恶少，恶少的干爷爷突然登场，拿出一件黄马褂给恶少穿上。据说那黄马褂是老佛爷所赐，属于御赐护身符，相当于一块免死金牌。眼看着恶少穿上黄马褂，包龙星束手无策，干瞪眼没办法。就在这危急时刻，他的母亲祭出一把寒光闪闪的尚方宝剑，马上扭转了局面。当然，包龙星后来才知道那把宝剑是明朝皇帝所赐，作为古董或许很值钱，对付清朝的黄马褂就不行了。

在中国历史上，尚方宝剑确实是有的。“尚方”指“尚方监”，存在于秦、汉、隋、唐等朝代，隶属于宫廷机构少府监，负责为皇帝打造日常应用之物，相当于后来清朝内务府的造办处。顾名思义，尚方宝剑就是尚方监给皇帝铸造的宝剑，象征着皇帝至高无上的生杀大权。

据《宋史》记载，南宋奸相丁大全倒行逆施，国子监主簿徐宗仁伏阙上书：“欲借尚方剑，为陛下除恶。”希望陛下借给我一把尚方宝剑，让我把丁大全杀了。南宋另一位奸臣陈垓排斥异己，太学生刘黻上书请愿：“若垓之罪，又浮于荥，虽两观之诛，四裔之投，犹为轻典，陛下留之一日，则长一日之祸，异时虽借尚方剑以砺其首，尚何救于国事之万一哉？”陈垓这人罪恶滔天，多活一天都是祸害。陛下现在不杀他，恐怕后患无穷。虽然我们这些忠臣义士将来会挺身而出，借陛下的尚方宝剑取他头颅，但对国家造成的危害是难以挽回的。

宋朝人也就是动动嘴，其实没有哪个人真的借到了尚方宝剑。到了明朝，尚方宝剑才开始赐给臣子。例如，万历十八年（1590年），蒙古顺义王起兵造反，进攻宁夏，兵部尚书魏学曾受命出兵，跟蒙古人打了两年，由于部将不听指挥，始终没有平定叛乱。后来万历皇帝赐给魏学曾一把尚方宝剑，授他先斩后奏之权，战局才得以扭转。

万历皇帝性子急，总觉得魏学曾办事不力，还没等宁夏叛乱彻底平定，就撤了魏学曾的职，让陕西巡抚叶梦熊接着领兵打仗。据《明史》第二百二十八卷记载："梦熊既代学曾，亦赐尚方剑。"叶梦熊接替了魏学曾的兵权，万历皇帝也赐给他一把尚方宝剑。魏学曾、叶梦熊两人都是文官，文官带兵的好处是能让皇帝放心，不怕他们造反，坏处是没有指挥经验，很难让部将信服。部将不听主帅指挥，自然难打胜仗，所以皇帝才赐予尚方宝剑——谁敢不听，请出尚方剑，杀了再说。

明朝后期，为了抵御女真人的进攻，天启皇帝派孙承宗驻守辽东，后来崇祯皇帝又派袁崇焕驻守辽东。孙承宗和袁崇焕都是文官，也都受赐尚方剑。袁崇焕在皮岛诛杀大将毛文龙，用的就是崇祯赐给他的那把尚方剑。

简单来说，尚方宝剑是存在的，但是明朝以前的官员不太可能拥有，明朝官员中也只有那些奉旨带兵的文官才有可能拥有，目的是让大将们服从文官的指挥，而不是对付皇亲国戚和贪官污吏。

有意思的是，元朝戏曲中也经常出现一种类似于尚方宝剑的剑，叫作“势剑”，它与“金牌”往往并称。

例如，关汉卿写的杂剧《望江亭中秋切江鲙》(一名《切鲙旦》)：杨衙内看中潭州太守的妻子，想据为己有，于是诬告潭州太守犯法。皇帝信以为真，赐给杨衙内“势剑金牌”，让他去潭州取太守的首级。

元朝另一位剧作家岳伯川写的杂剧《吕洞宾度铁拐李岳》：宋朝大臣韩琦微服私访，被郑州府小官岳寿百般刁难。后来岳寿从韩琦的包裹里搜出“势剑金牌”，吓得一口气没喘过来，魂灵直奔阴曹地府。又因为生前作恶太多，岳寿被牛头马面扔进油锅，吃尽了苦头。最后被神仙吕洞宾收为弟子，通过瘸腿李屠户借尸还魂，从此成为八仙中的“铁拐李”。

另外还有关汉卿最著名的杂剧《感天动地窦娥冤》：窦娥的父亲窦天章官至两淮提刑廉访使，随身带着皇帝赏赐的“势剑金牌”。

在元杂剧中，我们的包拯包大人同样离不开“势剑金牌”。请看他在《叮叮当当盆儿鬼》中的一段唱词：“敕赐势剑金牌，容老夫先斩后奏，专一体察滥官污吏，与百姓伸冤理枉。”

势剑与金牌并称，很像一对好搭档，不离奉旨出巡的高官左右。这对好搭档在元朝历史上真的存在吗？看《元史》就知道了。

据《元史·张弘范传》记载，大将张弘范南下攻宋，元世祖忽必烈赏赐锦袍玉带，他不要，请求赏赐宝剑盔甲。元世祖让张弘范去兵器库里随便挑选，并嘱咐道："剑，汝之副也，不用令者，以此处之。"这把剑是你的副官，是你的行刑队长，哪个军官不听你的命令，你就用这把剑砍死他。张弘范挑选的到底是不是势剑，《元史》没有明写，但是鉴于它有先斩后奏的威力，我们不妨将其当作势剑或者尚方宝剑。

元朝武将分为万户、副万户、千户、下千户等级别。万户管兵万人以上，授予金牌；副万户管兵三千以上，授予金牌；千户管兵千人以上，授予金牌；下千户管兵三百以上，授予金牌。蒙古统治者派驻江南各地的低级镇守官"达鲁花赤"，也都授予金牌。皇帝派钦差大臣巡行各地，通常也会赐予虎头金牌作为凭证。由此可见，金牌在元朝军队与官场中是特别常见的事物，它的数量一定比势剑多得多，威力一定比势剑小得多。元杂剧中的包公以及其他巡官如果仅有金牌在手，未免显得寒酸，于是剧作者再给他们添上势剑，就可以威力无穷了。

包公信神，但不怕鬼

元杂剧中的包公有势剑金牌，电视剧中的包公有三口铜铡与尚方宝剑，而在明朝词话唱本中，包公的装备却被换成了八种武器。

哪八种武器？黄木大枷黄木棒，打皇亲国戚；黑木大枷黑木棒，打贪官污吏；松木大枷松木棒，打恶霸地痞；桃木大枷桃木棒，打鬼灵精怪。既打活人，又治死鬼，在开封府明镜高悬的大堂上，开始弥漫阵阵阴气。

包公并不是唯物主义者，他身处思想落后的古代，他相信世间存在超自然的力量。

宋仁宗庆历五年（1045 年）四月初一，京城日食，包公上了一道奏章：

> 今正阳之月，暗然日蚀，而又亢阳益甚，火灾继作，害孰大焉！得非上天有以丁宁垂诫于陛下耶？

四月处于春夏之交，正是阳气充足的时候，却突然出现日食，又接连发生了几起火灾，这难道不是上天对陛下的警示吗？

随后包公提出建议：

> 抑阴尊阳，防微杜渐，然后日御便殿，博延公卿，询访直言，讲求古道，励精为治，以答天戒。如此则积异消于上，厉阶绝于下，足以导迎善气，驯致太平。

宋仁宗宠爱一个姓张的嫔妃（史称张温成皇后），对她言听计从，还提拔了她的亲戚。包公认为，正是仁宗对张娘娘的过分宠爱，导致阴盛阳衰，阴阳颠倒，太阳被阴气所笼罩。仁宗应该远离美色，励精图治。不然，上天还会给予更大的警告。

还有一年，木星进入天蝎座，包公坐不住了，又写了一份奏章：

臣窃见岁星逆犯房宿，近钩铃之位，于今月余未顺。按《天官》云，房四宿为明堂，天子布政之宫，亦曰四辅，股肱将相位也。……伏况国家盛德在火、岁火二曜，俱为福星，房心又是宋之分野。……乃上天之意，所以笃佑圣宋，丁宁陛下，如是之至。夫变异之来，各象过失，以谴告人主，犹严父之明戒，可不寅畏恐惧乎！

微臣包拯夜观天象，看见木星侵入天蝎座一带，距离一颗星星（钩钤）特别近，一个月来都是如此。按《周礼·天官》解释，天蝎座、室女座、天秤座、半人马座，分别象征皇上的四个亲信大臣，是国家权力中心之所在。我们大宋五行属火，木星与火星是我们的福星，而天蝎座对应中原之地。如今我们的福星偏离轨道，侵入我们的核心地带，恐怕将有灾难发生。微臣认为，这是上天又一次对皇上提出警告，希望皇上慎重对待。

另据宋人笔记《默记》中卷记载，宋仁宗庆历七年（1047 年），包公任陕西转运使，“才入境，至华阴谒庙……礼神毕，循行庙内”。进入陕西境内，先到华阴县的一座庙里祭拜神仙。

出现日食，包公认为是上天示警。木星改变运行轨迹，包公认为是上天示警。在上任途中，都恭恭敬敬祭拜神仙。很明显，包公是相信天命、相信神仙的。

包公信神，自然也信鬼，但他胆大如斗，并不怕鬼。

开封包公祠夜景

按《仁宗实录·包拯传》和《孝肃包公墓志铭》的记载，包公在庆历五年（1045年）出使辽国，给辽国皇帝与太后拜年。辽国人将包公安排到一个名为“神水馆”的宾馆居住，有知情者警告包公：“前使者过，数遇凶怪，如有物击之仆地。”以前也有使臣在神水馆住过，曾多次遇到鬼怪，在平坦的道路上走路，莫名其妙就栽倒在地，仿佛有鬼在追打他们。包公听了，对随从们说："虽有凶怪，毋得言。"这个宾馆可能闹鬼，但是我们不要怕，今天晚上无论见到多么古怪、多么吓人的事情，都不要说出去。于是大家遵照包公的吩咐就寝，很奇怪，一觉睡到天亮，什么事儿都没有发生。

包公与间谍战

包公是庆历五年（1045年）八月十一日从开封出发去辽国的，因为交通不便，没有现代化的便捷工具，全靠骑马和步行，直到第二年春天才回来，往返路途花了将近半年的时间。

包公可不能容忍半年时光白白浪费，他一路走，一路观察。观察什么呢？一是沿途人民的生活状况，二是宋辽边境的兵力对比，三是宋朝对辽国的间谍战，以及辽国对大宋的反间谍战。

包公一行离开辽国那天，迎送他们的辽国大臣提出疑问："雄州开东南便门，多纳燕京左右奸细等人，询问北朝事宜，随事大小，各与钱物，此事甚不稳便，请说与雄州。"河北雄州（今河北省保定市雄县）与辽国接壤，宋朝方面不遵守两国和议，竟然在雄州城的北门旁边开设小门，秘密接纳辽国叛徒，并往辽国都城派驻间谍，多方打探辽国虚实，这件事做得很不厚道，希望包大人回去时能跟雄州官员说说，赶紧堵住小门，停派间谍，不然我们大辽将与你们兵戎相见。

面对质疑和威胁，包公反唇相讥："此事的不足凭。设使雄州诱纳奸细，自有正门出入，何必创开一门？若只是郡中创开门户出入，此亦州郡常事，何关两朝之事？若或北朝燕京及涿州等处开门，本朝岂可言议？"你们的话毫无根据，纯属诬蔑。假如我们在雄州接纳辽国叛徒，一定会光明正大打开正门，何必再开一个小门？如果我们开了小门，那也是为了便利我方百姓出入，怎么能说是为了刺探辽国情报呢？据我所知，你们辽国在涿州也开了小门，难道不是为了刺探宋朝情报吗？

上述对话见于《包孝肃奏议集》，包公回去写给宋仁宗的报告《奉使契丹辩雄州便门事状》中也记载了这件事。包公的应答很得体，但他否认的正是事实——宋朝一方确实从雄州往辽国派遣了许多间谍。当然，辽国也往宋朝境内派遣了许多间谍。自从宋真宗与辽军签下澶渊之盟，宋辽之间维持了一百二十年和平，没有再发生大规模的战争，但是背地里的间谍战却从来没有停止过。

按《宋史》记载，宋太祖赵匡胤之所以能迅速平定后蜀、南唐、北汉、吴越等割据政权，成功的秘诀主要有四个：一是善于用人，选的都是良将；二是敢于放权，将在外，君命有所不受，只要不屠城，不乱杀百姓，想怎么打就怎么打，绝不遥控指挥；三是不怕花钱，将士有功，必给重赏，军饷不够，还允许部队临时征税；四是"能养死士，使为间谍，洞知敌情，及其入侵，设伏掩击，多致克捷"。培养了一批忠心耿耿的间谍，知己知彼，百战不殆。

后来宋太宗北伐辽国，败得很惨，回来让群臣献计，大臣王禹偁说：您该像太祖学习，“行间谍，离其党”，多派间谍，多用反间计，让契丹君臣不和，将帅不和，我们才有机会取胜。

宋真宗即位，又跟辽国打仗，再次惨败。真宗让群臣献计，一位名叫贾昌朝的官员说：“募敢勇之士为爪牙……募死力为觇候。”必须培养一批视死如归的勇士做我们的间谍，不然，“敌之情状与山川、道路险易之势，绝不通晓，使蹈不测之渊，入万死之地，肝脑涂地，狼狈相藉，何以破敌制胜耶？”敌人那边是什么情况我们都不知道，一出战就抓瞎，怎么可能打胜仗？

宋仁宗登基后，“问祖宗御戎之要”，向臣子请教当年宋太祖为什么常常能打胜仗。大臣张方平说：“诸将财力丰而威令行，间谍精审，吏士用命，故能以十五万人而获百万之用。”那时候带兵的将官既有权又有钱，恩威并施，把士兵管理得服服帖帖，让冲锋就冲锋，让撤退就撤退，而且那时候的间谍都很有才能，精明强干，以一当十，所以宋兵的整体战斗力非常强大。

所以，想打胜仗并不难，肯对将军放权，能为士兵花钱，再加上一批好间谍就有可能。可是为什么在宋太祖以后，北宋军队无论跟西夏作战，还是跟辽国作战，总是打败仗呢？是因为宋太宗、宋真宗、宋仁宗这些皇帝不懂上述道理吗？不是，只是因为时局变了，后来的皇帝不敢放权，很难再培养出合格的间谍了。

众所周知，宋太祖是武将出身，靠篡权夺得皇位，一旦外患清除，皇位坐稳，他就开始担心其他武将跟他一样篡权夺位，于是晚年搞了一个“杯酒释兵权”，削夺大将的权力，提高禁军的地位。在他之后，几乎每一任皇帝都不敢让武将的权力坐大，每一任皇帝都会不同程度地牵制前线指挥官。对皇帝来讲，打几场败仗并不可怕，宝座被别人抢走才可怕，有外患无妨，只要没有内忧就行了，所以他们不敢像刚刚立国的时候那样对将军放权。

北宋初年的间谍大部分归武将指挥，少数对皇帝直接负责，效率很高，机密性很强；宋太祖晚年改让文官指挥军队，又故意将指挥权搞得非常复杂，一支部队有很多人共同指挥，还轮流替换，将不知兵，兵不知将，间谍不知道谁是自己的领导，搜集到情报以后，一层一层往上传，效率低，又容易泄密，完全失去了间谍的意义。

越到后来，宋朝的间谍越不像间谍。本书的主角包公也曾负责过间谍工作，当时他担任河北都转运使，相当于常务省长兼财政厅长，同时兼管“沿边州军探候事宜”，凡是跟辽国接壤的州县，他都派有间谍。这些间谍刺探到的情报，必须统一汇报到包公那里，再由包公转交给朝廷。包公发现，他派的间谍徒具虚名：

第一，“不得慎密之人”，间谍不具备最基本的业务素质，保密工作做得很差。

第二，“只是到得四榷场及幽、涿间，传得民间常语或虚伪之事，便为事宜”，胆量很小，怕被敌人抓住，不敢深入敌境，只敢在两国边境的交易市场上打听传言，将传言当成情报。

第三，间谍层级太多，小喽啰上面有小头目，小头目上面有大头目，大头目则“惟务邀功冒名……且从而声张之”，为了申请朝廷的奖赏，竟然将名单和情报汇编成册奏报上去，导致间谍网络被辽国掌握，“累次全家捉过汉人去，界上多添巡逻验认，于今全不能深入”，不但情报站被人端掉，连间谍的家属都被辽国抓走了。后来辽国边境到处都是巡逻队，想再派间谍过去非常困难。

最后包公极不客气地对大宋的间谍工作做了一个总评：“徒废金币，无益于事。”除了让朝廷花冤枉钱，没有一点用处。

包公说间谍没用，并不是说不应该派间谍，而是说应该对间谍队伍进行改革。怎么改革呢？他提出了两条意见：

一是朝廷要放权，让身在前线的文官武将直接指挥间谍，直接利用情报，不要再把情报层层上报，等候朝廷指示。

二是专门设置一个中央情报机关，对间谍进行专业化管理。

包公还给这个类似于美国中情局的中央情报机关取了个名字，叫作“机宜司”。其实早在宋太宗时就设置过机宜司，后来宋真宗跟契丹议和，把机宜司改成了“国信司”，负责迎送辽国使臣。好好的一个情报机关，变成了没有任何机密的国宾馆。

可惜的是，包公的建议最终没有被宋仁宗采纳。为什么呢？因为这样一来，武将的实际权力会大大增加，万一有人造反，朝廷难以控制。

不管怎么说，包公始终是一位非常能干的官员：既擅长问案，又擅长理财，甚至还擅长间谍战。他有些护短，偶尔徇私，有时刚愎自用，疑神疑鬼，在性格上有些缺点，但忠于朝廷，爱护百姓，思维缜密，雷厉风行，所以皇帝喜欢他，人民拥戴他。这就是包公，一个真实生动的宋朝大臣，一个瑕不掩瑜的历史名人。

第四章

包公的朋友与后代

包公原来是这样

八王爷赵德芳

看过包公戏的朋友肯定知道八王爷赵德芳，因为他的出场率极高，总是在包公遇到重大困难时出现，帮助包公排忧解难，抵挡来自皇帝和奸臣的压力。他聪明正直，仁爱慈祥，是包公的重要靠山，是皇亲国戚中的正面人物。他也特别有势力，在不同的包公戏中，分别拥有免死金牌、尚方宝剑，以及上可打昏君、下可打佞臣的“打王锏”。

这个八王爷当然是虚构出来的。

宋朝皇族中确实有一个赵德芳，但他是宋太祖的第四个儿子，按照排行，应该是四王爷，不会是八王爷。

按《宋史》记载，太祖总共生了四个儿子，都是德字辈，分别叫作赵德秀、赵德林、赵德昭、赵德芳。其中赵德秀和赵德林幼年夭折，没有长大成人。

赵德昭活到将近三十岁，本该被立为太子，成为宋朝的第二任皇帝，但是他的叔叔宋太宗继承了大统，他当然成了新皇帝的眼中钉。宋太宗太平兴国四年（979 年），赵德昭跟随太宗北伐辽国，战事不利，军队被打散，与皇帝失去联系，军中就有人密谋，再来一次黄袍加身，拥立他当皇帝，可惜没有成功。等到北伐失败，大军返回，赵德昭又跟太宗提议："陛下北伐前曾经承诺，打完仗会封赏众位将军，现在是您兑现承诺的时候了。"宋太宗勃然大怒，恶狠狠地说："待汝自为之，未为晚也！"等你自己做了皇帝，再封赏众将也不迟！赵德昭又惊又怒，竟然拔剑自刎。宋太宗假惺惺地抱着尸体大哭："痴儿何至于此邪？"你这个孩子怎么这么傻呢？我只是说了一句气话，你怎么就自杀了呢？其实按照宋太宗的阴狠性格，即使赵德昭不自杀，最后也免不了被害。

太祖四子，两个夭折，一个自杀，就只剩下赵德芳一个了。包公戏的八王爷赵德芳通常是以中老年形象出场，国字脸不怒自威，三绺长须飘于胸前，而历史上的赵德芳其实只活到二十多岁：宋太宗太平兴国六年（981 年），年仅二十三岁的赵德芳突然病逝。按常理推想，他很可能是被宋太宗毒死的——只有将太祖所有的儿子都斩草除根，宋太宗的宝座才能坐得安稳。

据《宋史・宗室传》记载，赵德芳生前被授予"同平章事""检校太尉"等官衔，地位相当于宰相，但是没有一点实际权力。在他活着的时候，宋太宗制定了一项非常严厉的"祖宗家法"：五服以内的皇族子弟必须居住在朝廷指定的府邸里，不能随意外出，不能结交大臣，不能参加科举，不能领兵打仗，不能参与朝廷政务。所以，即使赵德芳一直活到宋仁宗即位，他也不可能拥有实权，不可能对朝中大事指手画脚，更不可能拥有上打昏君、下打佞臣的"打王锏"。他想做包公的靠山，帮助包公审问冤案，门儿都没有。

宋太宗定下的祖宗家法既是为了防范太祖子孙，也是为了防范自己的子孙。他自己就是靠铲除异己、阴谋篡权得到的皇位（传闻他的哥哥宋太祖就是被他用玉斧劈死的），不希望同样的悲剧在后代子孙身上重演，而严禁皇族子弟参与政务和军事，正是防范悲剧重演的必要手段。

宋太宗的祖宗家法被执行得非常好。两宋三百年，只有太宗自己曾经以非太子身份执掌军政大权，此后的皇族子弟除非被立为太子，否则不许担任开封府尹，不许担任军事统帅，也不许入朝拜相、统率百官。我们可以掰着手指头数一数，宋朝皇族中只有康王赵构（也就是后来的宋高宗）在危难之际做了兵马大元帅，还有一个名叫赵汝愚的皇族被宋宁宗任命为宰相。赵汝愚拜相才半年，就有人将“国朝无宗室宰相”的祖宗家法背给皇帝听，结果赵汝愚马上被撤了职。

北宋末年，曾经有一位名叫赵不尤的皇族子弟起兵勤王，他英勇善战，力大无穷，能开三石弓，能使八十斤重的镔铁枪，并且有军事指挥才能，屡次击退金兵的进攻。可是因为他是皇族，违背了皇族子弟不能带兵的家法，很快被削夺了兵权。与赵不尤同时起兵勤王的皇族子弟还有一位赵不群，用兵有方，宋高宗称帝后打发他去当文官，以免他在战争中得到拥护，篡夺皇位。

我举这么多例子，无非是想再次说明，哪怕宋朝真的有一个八王爷，他也只能待在王府饱食终日、混吃等死，而没有机会上打昏君，下打佞臣，与开封府尹包公有密切来往。

顺便补充一点，历史上的赵德芳虽然英年早逝，但是留下了后代：赵德芳有一个儿子叫赵惟宪，赵惟宪有一个儿子叫赵从郁，赵从郁有一个儿子叫赵世将，赵世将有一个儿子叫赵令侩，赵令侩有一个儿子叫赵子偁，赵子偁有一个儿子叫赵伯琮。宋高宗中年失去生育能力，没有儿子继承大统，这个赵伯琮被作为皇储选入宫中，改名赵昚，后来成了南宋第二任皇帝宋孝宗。

太师庞吉

包公戏里的包公有一个很厉害的靠山，同时也有一个很厉害的对手，靠山是八王爷赵德芳，对手是宋仁宗的老丈人庞吉。

庞吉是电视剧里的人物，《三侠五义》中写的是庞籍，元杂剧《包待制智赚生金阁》中写的则是庞绩。

《包待制智赚生金阁》第一折，庞绩登场，先有一大段念白：

> 花花太岁为第一，浪子丧门世无对。闻着名儿脑也疼，只我有权有势庞衙内。小官姓庞名绩，官封衙内之职。我是权豪势要之家，累代簪缨之子。我嫌官小不做，马瘦不骑，打死人不偿命。若打死一个人，如同捏杀个苍蝇相似。

庞绩说他官封“衙内”，此衙内在元朝指的并非官员的儿子，而是老百姓对高官的统称。庞绩身为衙内，与包公同朝为官，按照包公的唱词，“更和俺包龙图一家一计”，说明他跟包公的私交还不错。但他仗势欺人，抢夺民财，强占民妇，杀害无辜平民，最后被包公砍了脑袋。

到了《三侠五义》中，庞绩改名为庞籍，衙内成了太师，强占民妇的事也从他本人变成了他儿子庞昱。电视剧《包青天》的剧情基本上跟《三侠五义》一样，只不过将庞籍的名字改成了庞吉。

庞籍在包公戏里是奸臣，在历史上却是一个名声很好的忠臣。《宋史》专门给他立了传，他比包公大十一岁，是包公的前辈，也是包公一直尊重的老领导。此人历任黄州司理参军、开封府法曹、大理寺丞、判大理寺等职，分别相当于今天地方法院的审判庭长、首都法院的审判庭长、最高法院大法官、最高法院院长。通过这些官职可以推测，他或许也像包公一样擅长断案。

宋仁宗宝元元年（1038年），包公做官的第二年，庞籍已经做到了陕西安抚使，相当于军区司令。在陕西军区，庞籍的主要职责是防范西夏军队，他带兵十万人，重新修筑了边境堡垒，收复了被西夏占据的所有失地，可见他的军事才能卓越。明代包公戏将包公与狄青并称，说包公是文曲星下凡，狄青是武曲星下凡，其实狄青就是庞籍的部将，如果没有庞籍的不断提拔，狄青是不可能从一名小卒成长为一员大将的。

包公晚年做枢密副使，那是他一生中做过的最高职位，而庞籍因为对西夏作战立下大功，也做过枢密副使，并且很快升任枢密使，相当于国防部部长。

包公晚年多次向仁宗上书，劝说仁宗从皇族子弟中选一个养子。而早在包公上书之前，庞籍就给仁宗写过密折，请求仁宗早选养子以定皇储。

包公戏中的庞籍是皇帝的岳父，让女儿庞娘娘出面干涉包公办案。历史上的庞籍不但不是仁宗的岳父，还极力反对后宫干预政务：有一个姓尚的娘娘让太监去开封府传口谕，说要免除商贩在京城集市上的租金，时任开封府判官的庞籍断然拒绝，并建议宋仁宗惩处尚娘娘。

包公戏中的庞籍被封为太师，历史上的庞籍则以太保的身份退休。太保和太师都是宋朝大臣的荣耀头衔，与太傅并称“三公”，级别都属于正一品。

庞籍为官多年，喜欢提拔青年才俊，如司马光就是他提拔上来的。按照宋朝的制度，新科进士需要三名以上在职官员的举荐，才可以参加公务员选拔考试，庞籍认为司马光年少有才，前途远大，所以给司马光写了一份推荐书。后来庞籍先后去山东、山西做地方官，一直将司马光带在身边，当作亲信幕僚。庞籍晚年出版自己的文集，司马光还给他写了序。

包公与司马光不同，他跟庞籍并没有很深的交情，但是他与庞籍的儿子庞元英交情深厚。庞元英在《文昌杂录》中还写过包公的一则逸事：

> 冬至假七日，前后各三日，宰相宅引百司厘务。初，包拯为三司使，上言："每节假七日，废事颇多。"请今后只给假五日，自此始也。

宋朝春节、冬至与清明节各放七天假，包公担任财政部部长时，感觉假期太长，耽误工作，请仁宗下令缩短假期，将七天假期改成了五天。

国舅赵国栋

《包青天》之《狸猫换太子》中，八王爷赵德芳做了一件阻挠包公办案的错事：维护国舅赵国栋。

剧情是这样的：宋仁宗的亲生母亲李娘娘流落民间，与义女梅娘相依为命。梅娘长得如花似玉，被八王爷赵德芳的舅舅赵国栋掳到了府中。后来东窗事发，包公要铡赵国栋，八王爷百般求情无果，为了给舅舅报仇，怂恿仁宗皇帝罢了包公的官。

赵国栋在《三侠五义》中并没有出现，他是《包青天》编剧加进去的一个人物。从剧情推进的需要来看，这个人物增加了狸猫换太子一案的复杂程度，增加了包公办案的艰难程度，将八王爷这个靠山变成了阻力，加得很好，很有必要。但是有个错误：不应该让八王爷的舅舅姓赵。

读者朋友可以想一想：八王爷的舅舅姓赵，八王爷的母亲自然也姓赵，说明八王爷的父亲娶了姓赵的女子为妻。大宋皇族本就姓赵，怎么会跟姓赵的结亲呢？

至少从周朝开始，中国就开始有“同姓不婚”的规矩，因为“男女同姓，其生不蕃”。当时同姓者必然出身于同一个宗族，假如男方与女方同姓，基本上属于近亲结婚，会影响种族的繁衍，破坏后代的基因。

至少从唐朝开始，中国法律中就开始明确规定朝廷对同姓结婚的惩罚措施：“诸同姓为婚者，各徒二年。”比如说姓李的小伙娶了姓李的姑娘，两人都会被判处两年徒刑。此后宋朝的《宋刑统》、明朝的《大明律》、清朝的《大清律》，都有类似的法律条文。

宋朝皇族婚嫁讲究门当户对，皇族子弟一般会娶文臣武将的女儿，公主与郡主一般会嫁文臣武将的儿子。比如，宋太祖与右前卫将军贺景思、彰德军节度使王饶、左卫上将军宋偓是亲家，宋太宗与保信军节度使尹崇珂、后周大将符彦卿、羽林大将军李处耘是亲家。宋真宗先娶开国大将潘美的女儿，后娶虎捷都指挥使刘通的女儿。宋英宗的女儿嫁给了开国大将王全斌的后代，宋仁宗的女儿嫁给了吴越国王钱镠的后代，宋神宗的女儿嫁给了宰相韩琦的后代。我们可以查《宋史》中的《宗室列传》与《公主列传》，一定看不到皇族与赵姓武将或赵姓大臣结亲的例子。

最初同姓不婚确实有一定的科学依据，但是越到后来，姓氏与血缘关系的联结越松散。同样姓李，有山东之李，有山西之李，有汉族之李，有朝鲜之李，有的世代姓李，有的赐姓为李，还有的甚至冒姓为李，不但五百年前不是一家，五千年前都未必是一家，可能根本没有血缘关系，只要双方你情我愿，何必阻止人家结成连理呢？道理虽然如此，宋朝人毕竟还是延续了同姓不婚的传统。所以，赵国舅真的不应该姓赵。

说到同姓不婚，我们还有必要补充一点：中国古人对遗传学一知半解，只知道通过同姓不婚来避免同族之间的通婚，却不知道避免表兄妹之间的通婚。

南宋晚期小说集《醉翁谈录》甲集第二卷中有这么一则故事：

绍兴张某，膝下有一儿一女，儿子名叫阿麟，女儿名叫琼娘。十余年后，儿女谈婚论嫁，阿麟娶妻梁氏，琼娘嫁给了一户姓吕的人家。婚后不久，琼娘和阿麟的妻子梁氏都怀了身孕，琼娘向梁氏提议道："你我现是熟亲，情爱无间，若我二人生下男女，当再结姻亲，益修前好。"我们两家现在是至亲，情谊深厚，假如我生的是儿子，你生的是女儿，我们就亲上加亲，让两个孩子成婚配对。梁氏听了这个建议，连连称好。

十月怀胎，一朝分娩，琼娘生了一个儿子，取名星哥；梁氏生了一个女儿，取名织女。姑嫂二人每次会面，都会重提之前的盟约，一心想让星哥和织女结成夫妻。星哥和织女渐渐长大，也互相有了思慕之心。

但是事与愿违，梁氏的公爹（也就是琼娘的父亲）张某趋炎附势，结交权贵，非要把织女嫁给一个高官的儿子。织女与星哥一合计，决定私奔，于是双双逃到成都，在四川结成了夫妻。

在这个故事里，织女与星哥是姑表兄妹，两人的婚姻关系属于典型的近亲结婚。近亲结婚不符合优生学的原理，所以被现代婚姻法禁止。但是宋朝人还没有认识到近亲结婚的危害，姑嫂之间和姊妹之间往往热衷于亲上加亲，于是表哥娶表妹成了司空见惯的现象。

众所周知，陆游的第一任妻子名叫唐婉，她是陆游的舅舅唐仲骏的女儿，也是陆游的妈妈唐氏的侄女。陆游娶唐婉，是表哥娶表妹的典型。

宋朝皇族中也有表亲结婚的事例。

大家还记得《狸猫换太子》前半部分的剧情吧？宋真宗有刘、李二妃，同时怀孕，约定谁生下儿子谁就是正宫。刘妃阴险毒辣，用剥了皮的狸猫换走了李妃刚刚生下的儿子，也就是后来的宋仁宗……这段剧情当然是艺术创作的结果，不过在历史上，宋仁宗确实是一个姓李的低级嫔妃所生，被刘皇后强行抱走了。在刘皇后的淫威下，所有人都不敢说出实情，直到刘皇后去世，仁宗才知道原来他的生母姓李，但是为时已晚，李娘娘早已经病逝很多年了。仁宗痛哭失声，找到母亲的弟弟李用和，发誓要将母亲没来得及享的福全部赏赐给舅舅。他将舅舅提拔为彰信军节度使兼检校侍中，级别相当于宰相，又不断赏赐大量的钱财。李用和本为一介平民，突然之间位极人臣，富甲一方，就这样仁宗仍然觉得对舅舅不够好，又将自己的妹妹福康公主嫁给了舅舅的儿子李玮。大家看，李玮与福康公主不就是表兄妹的关系吗?

包公与状元

说完了八王爷、庞太师、赵国舅，我们接着探讨包公戏中的几位状元。

清代绘本《升平署扮相谱》中的状元扮相

大家耳熟能详的《铡美案》中就有一个状元，也就是见利忘义、抛妻别子、杀人灭口、暗害发妻，最后被包公铡掉脑袋的当朝驸马陈世美。

作为包公戏中的反面形象，陈世美很有名，但他没有历史原型，至少在宋朝没有。两宋三百年，中过状元的陈姓人士共有五位，分别是宋太宗端拱二年（989年）中状元的陈尧叟、宋真宗咸平三年（1000年）中状元的陈尧咨、宋高宗绍兴十二年（1142年）中状元的陈诚之、宋光宗绍熙四年（1193年）中状元的陈亮、宋度宗咸淳四年（1268年）中状元的陈文龙，没有陈世美这个名字。接着再查元、明、清三代以及西夏和辽国的状元名录，陈姓状元共有十人，也没有陈世美这个名字。

开封包公祠里的“铡美案”蜡像

在传统戏曲中，状元与驸马似乎可以画等号，一位青年书生中了状元，假如尚未婚娶，极有可能会成为皇帝的乘龙快婿。但在现实中，状元并没有那么幸运。从唐朝初年算起，到清朝末年结束，总共产生五百九十二名状元（不包括太平天国），当了驸马的只有一位郑颢，他是唐朝的状元，被唐代宗选为驸马。

再查《宋史·公主列传》，从宋太祖的妹妹到宋理宗的女儿，总共八十六名公主，或者嫁给功臣的后代，或者嫁给宰相的子侄，或者走表兄妹通婚的老路，嫁给太后或者太皇太后的娘家人，没有人嫁给状元，也没有一个驸马姓陈。

清代绘本《升平署扮相谱》中的公主扮相

宋朝皇帝选驸马似乎很慎重，品行像陈世美那么坏的驸马一个都没有。只有宋英宗第二个女儿魏国公主比较倒霉，下嫁开国大将王全斌的后代王诜。王诜风度翩翩，能诗善画，与苏东坡有过命之交，可惜好色贪淫，生活糜烂，不但违令纳妾（驸马不许纳妾），而且公然与侍女通奸。魏国公主不好意思给皇帝讲这些丑事，整天以泪洗面，不到三十岁就亡故了。这位王诜王驸马确实很坏，但也没有坏到陈世美那个地步。

除了陈世美，包公戏中还有一个状元周勤。《包青天之真假状元》上演过他的故事：周勤中了状元，却被与他同名同姓的结义兄弟冒名顶替，自己被迫流落街头，沦为乞丐，最后包公查出实情，假状元自尽，真状元过上了幸福的生活。就像陈世美一样，周勤也是虚构出来的人物，宋朝乃至其他朝代的状元名录里都没有他。

电视剧《少年包青天》差点将包公本人变成状元：少年包公进京赶考，遭人暗算，试卷写得花团锦簇，中状元十拿九稳，但是不知道为什么，卷子上的字迹莫名其妙消失不见了。

包公戏曲和早期的词话唱本更进一步，真的让包公中了状元。例如，明朝成化年间词话《包待制出身传》就让包公状元及第，钦点为定远县知县。

历史上包公并没有中状元，他是宋仁宗天圣五年（1027年）中的进士，那一科状元是王尧臣，榜眼是韩琦，探花是赵概，包公的成绩至少在前三名以后。

平心而论，包公能考中进士，已经相当了不起了。宋朝大臣上官均在奏章《上哲宗乞清入仕之源》中分析过："今科举之士虽以文章为业，而所习皆治民之说，选于十数万之中而取其三二百，使之治民，理或可也。"从地方科考到中央科考，从州试、省试再到殿试，十几万名考生参加考试，一层一层筛选下去，最终考中进士的只有两三百名而已。录取率如此低，考生们除了要拼成绩，还要拼运气，包公能中进士，说明他的成绩和运气都非常好。

考生们如果在同一年考中进士，彼此会互称"同年"。包公的同年有不少都是历史名人，包括韩琦、赵概、吴奎、王尧臣以及文彦博。韩琦后来当了宰相。赵概后来当了副宰相。吴奎先做枢密副使，又做参知政事，也是副宰相。王尧臣也是先做枢密副使，后做参知政事，在副宰相的职位上病逝。文彦博更加了不起，活了九十多岁，历任仁宗、英宗、神宗、哲宗四朝，出将入相五十年，不但做过宰相，而且做过比宰相地位更高的“平章军国重事”，是北宋时期最有名的元老级重臣。

包公的亲家

文彦博的父亲名叫文洎，是个小官，曾经和包公的父亲包令仪是同事，所以文彦博很早就认识包公。文彦博诗集中有一首《寄友包兼济拯》（“兼济”可能是包公早年的别号）：

缔交何止号如龙，发箧畴年绛帐同。
方领聚游多雅致，幅巾嘉论有清风。
名高阙里二三子，学继台城百六公。
别后愈知琨气大，可能持久在江东。

大意是说包公和文彦博在少年时一起谈文论道，谈天说地，那时候文彦博就很佩服包公，认为包公能像鲲鹏一样展翅高飞、鹏程万里。

包公比文彦博大七岁，但是因为包公为了侍奉父母，回乡闲居十年，方才出来做官，所以他当官比文彦博晚。宋仁宗庆历七年（1047年），文彦博升任枢密副使、参知政事，进入国家权力中枢，包公还在地方上做转运使。宋仁宗嘉祐六年（1061年），包公升任枢密副使，到达他仕途的最高峰时，文彦博早就成了宰相。

文彦博二十多岁中进士，四十多岁做宰相，仕途顺利，风光无限。有人认为他的成功不全是靠才能，还涉及裙带关系。宋仁宗皇祐三年（1051年），陆游的外祖父唐介向文彦博发难，说他早年做地方官时，贿赂宋仁宗最宠爱的嫔妃张娘娘，通过张娘娘吹枕边风，才升官升得那么快。

外臣结交后宫，对皇帝来说是非常忌讳的丑闻。宋仁宗读了唐介的奏章，龙颜震怒，随即免去文彦博的宰相，同时将公开揭露这一丑闻的唐介赶出朝廷，贬到广东当小官去了。

作为文彦博的同年兼好友，包公出面打抱不平，写了一份为文彦博叫屈的奏章。宋仁宗余怒未消，在奏章上批复道："介昨言奎、拯皆阴结文彦博，今观此奏，则非诬也。"唐介以前跟我说过，吴奎和包拯都是文彦博的死党，今天看到包拯维护文彦博的奏章，看来唐介并没有诬蔑他们。

前文说过，吴奎也是包公的同年，与包公的交情也很深厚。包公死

包公墓志盖的拓片，撰写者是包拯的外甥文勋。文勋是文彦博的儿子（一说是文彦博的义子），工篆书，与苏东坡交好

后，有人向包公的太太毛遂自荐，要为包公写墓志铭。包太太说："已诿吴奎矣。"谢谢您的好意，我已经把写墓志铭的事托付给吴奎吴大人了。那人走后，包太太又对家人说："彼之文不足罔公而惑后世，不如却之之愈也。"这个人不了解包公，如果让他乱写一气，会败坏包公的名声，不如交给吴奎去写。由此可见，吴奎对包公还是很了解的。现在我们能看到的记载包公生平最翔实可靠的史料是《孝肃包公墓志铭》，它的作者正是吴奎。

曾经做过包公下属的王安石说："同官同齿复同科，朋友婚姻份最多。"同年进士同朝为官，彼此之间私交很好，最后往往结成亲家。包公没有跟吴奎结亲，但是他的儿子娶了文彦博的女儿。

包公生了两个儿子，大儿子娶妻崔氏，婚后不久就病死了；二儿子包绶在包公六十岁时才出生，先娶了包公的门生张田的女儿，又娶了包公的同年文彦博的女儿。包绶出生太晚，他成家之时，包公早已去世，但是由于包公在世时与张田和文彦博交情深厚，所以两位高官先后将女儿嫁给了包绶。

同年好友变成亲家，在宋朝比较常见。例如，王安石将女儿嫁给了同年吴充的儿子，黄庭坚让儿子娶了同年石谅的女儿。苏辙的叔父苏焕与同年蒲师道交好，让儿子苏不欺娶了蒲师道之女。苏东坡跟欧阳修结为忘年交，他的儿子苏迨娶了欧阳修的孙女。陆游的老师曾畿与诗人吕本中是同年进士，所以吕本中亲自做媒，让自己的侄子娶了曾畿的女儿。

包公也讲门当户对

现在让我们回过头来，再看一眼陈世美的故事：陈世美中了进士，当了大官，娶了公主，抛弃了结发妻子秦香莲和一双儿女。秦香莲进京找他，他不认，还派出刺客杀人灭口。幸亏秦香莲命大，逃出虎口到开封府告状，向包公包大人诉说冤屈……故事的结局大快人心，陈世美恶有恶报，被包公一刀铡掉了脑袋。

我们可以用很多词来形容陈世美：渣男、薄幸、冷血、残忍、负心汉、喜新厌旧、忘恩负义、心狠手辣、欺君罔上……同时我们也可以从很多角度来解读这个故事。

从陈世美的结局来看，这个故事对世间广大负心汉有一定的警示作用；站在公主和秦香莲的角度来看，这个故事则是在提醒大家，定亲之前一定要擦亮眼睛，一定要看清对方的品质，不要被相貌、才华和社会地位蒙蔽了双眼；如果让包公自己来总结，这或许是一个告诉大家婚姻要讲门当户对的故事。

在京剧《铡美案》中，包公对秦香莲有这么一段唱词：

三百两纹银交与你，
回均州路上做盘缠。
吃一半来留一半，
留下一半种庄田。
教育儿女把书念，
只念书千万别做官。
你丈夫如不把官做，
你居家怎能不团圆？

包公认为陈世美之所以抛弃秦香莲，是因为他的地位高了，跟秦香莲门不当户不对了，假如他没中状元，仍然是个穷书生，他和秦香莲将会过着幸福快乐的日子，白头偕老，一家人团团圆圆。

戏曲只是虚构，不是历史。历史上包公的婚姻观是什么样的呢？他同样看重门当户对在婚姻中的重要性。

宋仁宗皇祐三年（1051 年），开封富商李绶与皇族赵承俊结成了儿女亲家，一方有钱，另一方有势，似乎算得上门当户对。但是在宋朝，商人地位偏低，因此包公认为这宗婚事“有损国体”，请仁宗皇帝“罢其婚媾，别选德阀”（《孝肃包公奏议·论李绶冒认国亲事》），将这门婚事强行取消，另外挑选门当户对的对象。我们不知道李绶与赵承俊的儿女是否正在恋爱，如果双方已经建立了恋爱关系，那么包公就成了法海，活活拆散一对鸳鸯。

千万不要骂包公不懂爱情，因为他生活的世界一直是门当户对的婚姻世界。

包公的父亲做过县令，所以包公的发妻董氏也是县令的女儿。

包公的次子包绶两次娶妻，第一个岳父张田是包公的门生，做过“权发遣度支判官”，相当于财政部的副司级官员；第二个岳父文彦博是包公的同年，做过宰相；而包公先后任“三司使”和“枢密副使”，相当于财政部部长和国防部副部长。副部长的儿子娶司长和宰相的女儿，基本上属于门当户对。

包公有两个女儿，一个嫁给王向，另一个嫁给文效。王向和文效都是主簿，相当于县级衙门的办公室主任，属于级别很低的文官。但是两人学问极好，前程远大，用包公妻子董氏墓志铭中的话讲，“皆士族佳器”，都是可以培养的好苗子。他们娶包公的女儿，仍然属于门当户对。

开封包公祠大门

包公有一个名义上的孙子，名叫包永年，一生结过三次婚，先娶朝议大夫李庭玉的女儿，再娶凤翔知府李公杭的女儿，晚年又娶吏部官员林邵的女儿，三个太太都是官宦小姐。包永年为什么不娶富商的女儿呢？为什么不从女明星中选老婆呢？因为商人和伶人的地位太低，跟他这位高官子孙相比，门不当户不对。

抛开爱情这种受荷尔蒙与概率影响的主观因素不谈，门当户对确实有很多好处。第一，可以保持并增进双方家庭的资源；第二，可以避免任何一方及其父母受到另一方的歧视，进而避免大量的婚姻矛盾；第三，可以减轻双方及其父母的精神压力——反正双方的生活圈子、消费层次和精神境界都差不多，谁也用不着羡慕谁，谁也用不着追赶谁，谁也不用自卑或自傲。

古代父母包办婚姻，无视爱情，造成了许多悲剧。现代年轻人将爱情看得太高，无视对方的家庭背景，也会造成许多悲剧，如导致婆媳不和。当然，就算门当户对，婆媳也未必能和平共处（如陆游母亲唐氏与儿媳唐婉不和）。不过像这样的婆媳不和只是小概率事件，在绝大多数时候，门当户对的婚姻虽然不一定幸福，但一般比较容易磨合。

包公的后代子孙

宋仁宗嘉祐三年（1058年），包公上书，请宋仁宗尽快选立太子：

> 东宫虚位日久，天下之心忧危至切，虽前后臣僚论列者多矣，卒不闻有所处置，未审圣意持久不决者何也？夫万物皆有根本，而太子天下之根本也，根本不立，祸孰大焉！

皇上年纪越来越大，东宫太子却没有选定，很不利于政权的接替和国家的安定。朝中大臣先后上书，请皇上早立太子，皇上却置之不理，不知道这样犹豫不决是因为什么呢？世间万物皆有根本，太子就是天下的根本，根本不立，对朝局造成的危害实在太大了！

包公劝仁宗立太子的时候，仁宗已经四十八岁，之所以不立太子，是因为没有亲生儿子可以立。仁宗倒是生过三个儿子，都夭折了，但他不服气，一定要再生一个，可惜天不遂人愿，后来生的全是女儿。中国皇帝不像英国国王那样允许女儿成为继承人，一个皇帝没有儿子，只能从皇族子弟中挑选一个立为皇储，但是这种结局恰恰是宋仁宗最不想见到的。您想，皇族子弟再亲，也没有亲生儿子亲啊！无论是谁劝皇帝立别人的儿子做太子，都会惹皇帝不开心。南宋第一个皇帝宋高宗也没有儿子，当岳飞劝他立太子时，他也气得说不出话来，认为岳飞有异心，又觉得自尊心受到了莫大的伤害：难道你认为寡人一定生不出儿子吗？！

据《东都事略·卷七十三》记载，包公劝仁宗立太子，仁宗回了一句让所有臣子都胆战心惊的话："卿欲谁立？"爱卿想立谁？这句话的弦外之音是，你劝我立太子，是为了给自己积累政治资本，是盼着我早死，以便得到新皇帝的宠信。

包公当然理解仁宗的意思，他不慌不忙地解释道："臣非才备位，所以乞豫建太子者，为宗庙万世计尔，陛下问臣欲谁立，是疑臣也。臣年七十，且无子，非邀后福者。"微臣请陛下早定皇储，是为了你们赵家的江山传承有序，陛下不应该认为我有私心。我马上就要七十岁了，前一个儿子死得早，至今再没有生养儿子，估计今生今世都不会再有儿子了，我积累政治资本又有什么用呢？听了包公的解释，仁宗转怒为喜，说："当徐议之。"爱卿的提议很好，且容寡人慢慢考虑。

又据《续资治通鉴长编》第一百九十五卷记载，在包公上书五年以后，仁宗仍然没有立嗣。包公的同年韩琦再次上书催促，仁宗说："后宫一二将就馆，卿且待之。"后宫有两个嫔妃马上就要生了，说不定会给寡人生一个太子呢！结果生的还是女儿。此时仁宗病入膏肓，离驾崩不远，彻底死了再生儿子的心，这才从皇族子弟中选了一个侄子做太子，他就是后来的宋英宗。

包公与仁宗其实同病相怜：仁宗为了让亲生儿子继承大位，拼了老命也想生一个儿子；包公为了让亲生儿子继承香火，将近六十岁时纳妾。老话说得好："不孝有三，无后为大。"中国古人渴望生一个儿子继承香火的迫切心情，我们现代人是难以理解的。

包公的运气真是不错，他的小妾终于给他生下一个儿子。本书第一章中《嫂娘的故事》曾经谈到，包公这个小儿子名叫包绶，是由包公的长媳崔氏抚养长大的。

包绶五岁那年，包公去世了，宋仁宗亲自去祭奠，授予包绶"将仕郎"的官衔，相当于九品官。然后包公归葬故里，包绶跟着姐姐、姐夫和寡嫂崔氏扶柩还乡，在合肥守孝三年。守孝期满，宋仁宗又授予他"承奉郎"的官衔，相当于八品官。当然，这些都是虚衔，仅仅用来表明包绶的社会地位与普通百姓不同，并没有俸禄和职权。作为一个还不到十岁的孩子，他也不应该有职权。

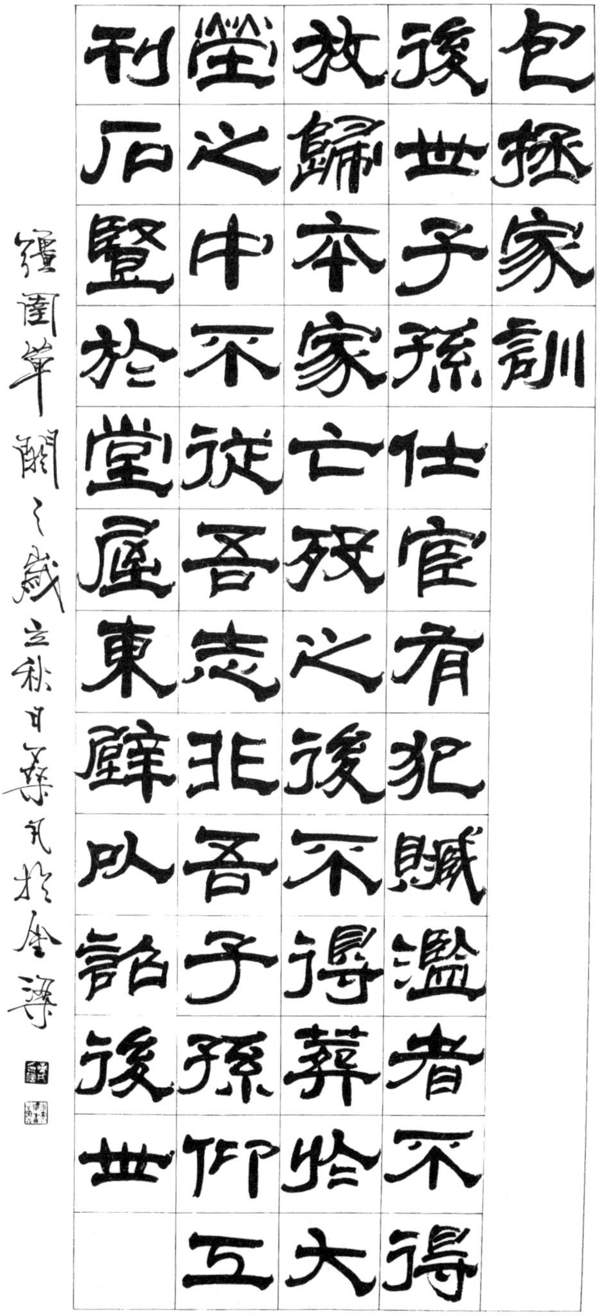

包拯要求子孙做清官的家训。开封包公祠供图

包绶很可能没有参加过科举考试，或者虽然参加了，但是没有考中。按照宋朝的官制，高官的子孙到了一定年龄以后，即使不是进士，也能做一个小官。包绶大约二十岁那年进入官场，去濠州（今安徽凤阳）担任团练判官，负责招募与训练民兵，相当于现在的县级武装部部长。

根据《包绶墓志铭》中的记载："公下车奉公守法，倬有盛誉，守爱重之，遂不以势位自居，凡议事必咨公而后决。事有不可行，公则毅然面折，不苟从。其有补于郡事，不可一二数。秩满解官，人称廉洁，思惠爱，异口一辞。"包绶虽然是小官，但不屈从上司的意志，上司犯了错，他会当面指出来。并且他廉洁奉公，爱护百姓，在任上做了不少对老百姓有益的工作。如果墓志铭没有过誉，那么包绶完全继承了包公的两大优点：刚直和廉洁。

包绶生了四个儿子，分别取名为包康年、包耆年、包彭年、包景年。另外他还有三个女儿，其中大女儿和小女儿不幸夭折，只有二女儿长大成人，嫁给了一个提刑（相当于掌管司法的副省长）的儿子。

包公兄弟三人，两个兄长早逝，都没有留下后代，但他还有堂兄弟。某个堂兄弟的孙子名叫包永年，被包绶过继给了寡嫂崔氏做义子。《包永年墓志铭》里说："祖讳拯……父讳繶。"爷爷是包公，爸爸是包繶。其实包永年既不是包繶的亲儿子，也不是包公的亲孙子，只是从族中过继的螟蛉之子。

但是包永年与包公的真正后代之间有着非常深厚的感情。包永年的年龄比包绶的四个儿子大很多，他像照顾亲弟弟一样精心照顾包康年、包耆年、包彭年、包景年的学业，教他们写字作文章，将他们送到最好的官学就读。包康年和包彭年还没有成家就死了，包永年亲自为两个兄弟操办丧葬。后来包永年去世，又轮到包耆年和包景年这两个弟弟为他操办丧葬。他们不是亲兄弟，但胜似亲兄弟。

鉴于包永年并非包公的真正后代，包康年与包彭年未娶而丧，只有包耆年、包景年留下了子嗣。所以，当您在大街上碰到一位包公后人时，您就知道，他的祖上要么是包耆年，要么是包景年。

第五章

真真假假包公墓

包公原来是这样

河南有一座包公墓

巩义包公墓的墓碑拓片

在河南的郑州和洛阳之间，有一个名叫巩义的县级市。

巩义是北宋皇陵所在地，北枕黄河，南临嵩山，北宋的九个皇帝中，除了宋徽宗和宋钦宗被金兵俘虏，死在漠北之外，剩下的七个皇帝都葬在这里。包括开国皇帝赵匡胤的父亲赵弘殷，也葬于此地，因此并称“七帝八陵”。

“七帝八陵”周围还有皇后陵墓、皇室宗亲陵墓、名将勋臣墓。例如，开国大将高怀德、开国大将曹彬、著名政治家赵普、太宗朝的名将杨延昭、真宗朝的名臣寇准、仁宗朝的名将狄青，他们的坟墓或者衣冠冢也都在北宋皇陵中。

还有一座坟墓，位于巩义城南五公里后泉沟村南岗之上，隔沟与寇准墓遥相呼应。整座墓坐北朝南，墓东有望柱一根、石虎一只、石羊一只，墓西仅剩石虎一只。墓南有石碑，高近三米，楷书八个大字——“宋丞相孝肃包公墓”。

看上去，这是一座包公墓。

巩义包公墓

巩义本称巩县。明朝嘉靖年间修撰的《巩县志》记载包拯墓在“巩县西宋陵”中。《大清一统志》记载：“包拯墓，在巩县西南。”乾隆年间重修的《河南府志》写得更详细：“宋包拯墓……拯拜礼部侍郎、枢密副使，终于位，年六十四，赠礼部尚书、谥曰孝肃。按巩县西南后泉沟有孝肃墓，亦陪葬真宗陵也。”也就是说，包公活了六十四岁，死在枢密副使任上，死后被追赠礼部尚书，谥孝肃，陪葬在巩义北宋皇陵中的真宗陵墓区，具体位置在巩义县城西南方向的后泉沟。

有墓，有墓碑，有对应的方志记录，看来包公死后，真的葬在了河南巩义。

但令人奇怪的是，安徽合肥也有一座包公墓。

安徽也有一座包公墓

1966 年，有人在合肥东郊找到一座相传是包公墓的宋朝古墓，推倒了石碑，掘开了封土，砸穿了墓顶，将这座古墓变成了一个泥坑。

这座被毁的古墓具体在哪儿呢？它位于合肥东郊大兴集黄泥坎东北部，南距淝河一公里，西距城区七公里。墓前原有一座两米高的石碑，碑上刻的是“故宋枢密副使赠礼部尚书龙图阁直学士谥孝肃包公讳拯之墓”。当然，石碑已经被毁，现在只剩下一小段残骸，上面刻着“宋枢密”三个字。

合肥包公墓园

如前所述，河南巩义北宋皇陵里有一座包公墓，1966 年又有人在安徽合肥东郊大兴集的黄泥坎捣毁了一座包公墓。包公只有一个，坟墓怎么会有两座呢？到底哪座包公墓才是真正的包公墓呢？

答案是，两座都不是真的。

合肥包公家族墓

1973 年春天，合肥钢铁二厂要扩建厂房，在大兴集的黄泥坎见到被毁的那座包公墓，认为这片空地可以利用，于是登报声明，要征用这片土地。当地文博部门得知消息，赶紧向安徽省文化局请示，请求对包公墓进行抢救性发掘。

1973 年 4 月 11 日，一支由安徽省博物馆、合肥市文化局、合肥市公安局、合肥钢铁二厂以及包公后人等组成的“包拯墓清理小组”开始工作，历时四个月，清理了那座被毁的包公墓，以及周边的另外十一座古墓。

这十二座古墓散布在一片北高南低的坡地上，其中四座是石室墓，八座是土墓。清理小组从这片墓群里总共发掘出五十多件文物和十一箱残朽的人骨。文物中包括六盒墓志铭，以及若干随葬的瓷器、银器、铜器和陶器。

我们都知道，要想鉴定古墓的真伪与墓主的身份，墓志铭是最珍贵的凭据。考古人员根据那六盒墓志铭进行推测，认为墓主包括包公、包公的夫人董氏、长媳崔氏、次子包绶、次媳文氏、长孙包永年。至于墓志铭上具体刻着什么内容，感兴趣的读者可以翻阅本书附录三《包公家族墓志铭》。这些墓志铭是我们后人研究包公及其家属生平的重要资料，甚至可以说是最重要的资料。

清理小组根据墓志铭、残余墓碑、封土规模、墓室结构、随葬器物以及残朽的遗骨进行判断，确定了一些墓主的身份，包括包公、包公夫人董氏、包公长子包繶、长媳崔氏、次子包绶、次媳文氏、长孙包永年。换句话说，这十二座古墓应该是包公的家族墓，至少其中一大部分确定属于包公及其子孙的家族墓。

到底哪座墓是包公自己的墓呢?

清理发掘之前，差不多所有人都认为，包公在这片家族墓中辈分最高，官衔也最大，封土肯定也是最高的，所以墓群中轴线上偏北位置那座高达五米（被毁之前的高度）的大墓，肯定是包公墓。而且据群众反映的情况和包公的一些后人回忆，该墓四周原有石人、石虎、石羊和包公墓碑，这些都符合包公的身份。

但是清理过程中，人们并没有在墓室里发现包公的墓志铭，更没有发现人骨残骸，甚至连棺木的残骸都没有找到，仅仅在墓道底部一米多深的填土中找到了一块墓志铭的铭盖的残角，而那块残角刚好与此后在另一座古墓中发掘出的包公夫人董氏墓志铭的铭盖相合。

发掘出董氏墓志铭的那座古墓在哪儿呢？就在这座被捣毁的所谓包公墓的西南侧，封土高约三米，是一座长方形的竖穴土坑墓，墓室内有一座楠木棺材，棺材内有零碎的肢骨和头盖骨，经中国科学院古脊椎动物与古人类研究所对其中一片头盖骨进行鉴定，证明那是男性骨骼，年龄在四十岁以上。最关键的是，清理小组还在墓室里发现了两块墓志铭，一南一北竖立在墓室内，南边那块是包公的墓志铭，北边那块是董氏的墓志铭。由此可以判断，这座古墓是包公夫妇的合葬墓。

原先人们认为的那座包公墓，编号 M6；后来发现的这座包公夫妇合葬墓，编号 M1。M6 不是包公墓，而是包公夫人董氏的原葬墓。M1 才是包公墓，但只是包公夫妇的迁葬墓。

从墓志铭可以判断，包公比董氏死得早，包公先葬，董氏后葬，最后夫妇二人被迁葬到一个墓里。董氏原葬墓已经找到，包公原葬墓在哪里呢?

清理小组发掘董氏原葬墓的时候，在墓室北墙以外的土层断面上又发现了另一座古墓的墓道，但那座古墓的封土已经荡然无存，上面建了一条公路。清理小组申请将公路暂时改道，从董氏原葬墓向北钻探，挖出了一条长达十几米的墓道，这条墓道连接着一个南北长约五米、东西超过五米的石室，那是整个墓群中最大的一座石室墓。

可惜的是，该墓早已被盗，封土没了，墓顶没了，随葬品没了，连当初修建墓室的大部分条石都被偷走了，只剩下墓室偏北处一段残留的石墙，以及墓室西北角填土底下的一尊一尺多高的木雕男俑。男佣头戴道观状帽，帽子正面刻着一个“王”字。清理小组判定，这才是真正的包公原葬墓，并将该墓编号为 M8。

M8（包公原葬墓）在墓群中轴线最北处，M6（董氏原葬墓）紧邻其南，M1（包公夫妇迁葬墓）则在 M6 的西南方向。在墓群中轴线东侧，在 M1 的东北方向，也就是 M6 的东南方向，是包公次子包绶夫妇的合葬墓，编号为 M5。

在包绶夫妇墓的东南侧，是包公长孙包永年之墓，编号为 M4。在 M4 的西南侧，是包公长子包繶夫妇的合葬墓，编号为 M7。

M1、M4、M5、M7，均有墓志铭可以确认墓主身份。M6 和 M8 没有墓志铭，但可以根据墓室结构和遗物来推测墓主身份。剩下六座墓是谁的墓呢？暂时还没有可靠的证据来证明。有的学者认为，墓群中应该有四座无名墓，分别是包绶儿子包康年、包耆年、包彭年、包景年的墓。

行文至此，我估计有不少读者朋友已经被前面的说明性文字搞糊涂了，分不清哪座墓是包公原葬墓，哪座墓是包公迁葬墓，哪座墓是包公子孙的墓。不要紧，我画了一张墓群方位示意图，感兴趣的读者可以参读。

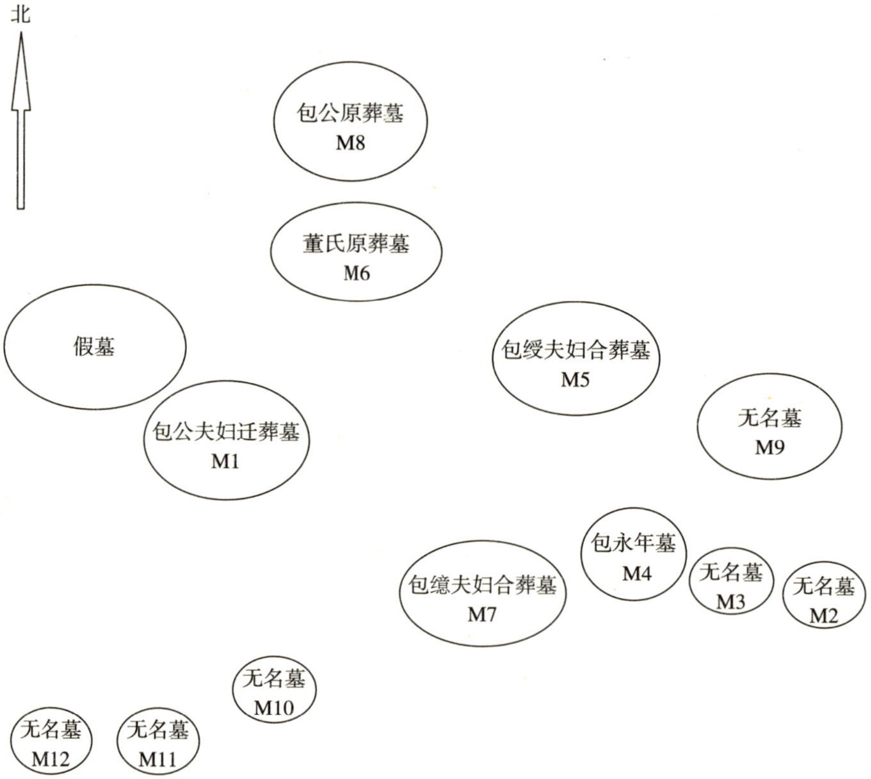

合肥包公家族墓群方位图

包公夫人墓为何被当成包公墓

我们都知道，包公有两个儿子，长子包繶，次子包绶。包繶早亡，二十多岁病逝，当时包公还健在，白发人送黑发人，特意请假回合肥老家为包繶选择墓地，选在了大兴集黄泥坎这片坡地上。

包公没有将包繶安葬在坡地最高的位置，因为他是父亲，是长辈，按照我国古代尊卑有序的原则，他自己才应该葬在高处，儿子只能葬在稍稍低一点的地带。所以他为自己预留了一块墓地，也就是后来包公家族墓群中轴线的最北处，那里地势最高，位置最尊。包公去世之后，也确实安葬在那里。

包公夫人董氏高寿，在包公之后去世，安葬在包公墓南侧，同样也位于家族墓群中轴线上，位置稍卑于包公墓。

包公后人如果有财力，多年后仍然可以将董氏迁葬至包公墓内。但是还没来得及迁葬，北宋就灭亡了。合肥多次成为金国与南宋的重要战场，有时被金兵占领，有时被宋军收复。

北宋靖康元年（1126 年），金兵第一次攻占合肥。南宋建炎三年（1129 年），金兵第二次攻占合肥。南宋绍兴十一年（1141 年），金兵第三次攻占合肥。南宋绍兴三十一年（1161 年），金国皇帝完颜亮大举攻宋，又一次占领合肥。在这小半个世纪里，兵祸连绵，战火不断，合肥境内大量古墓被金军公开盗掘，包公原葬墓与董氏原葬墓应该就是在这些非常时期被破坏的，甚至还有可能被多次盗掘——军队盗掘之后，喜欢“捡漏”的盗墓贼再次光顾，这些都是中国历史上反复发生的现象。

我们可以推想，包公后人在人们盗掘包公墓时无能为力，待时局稍稍稳定下来，他们肯定要重新安葬先人。但在当时的情况下，要想在原址大兴土木，重建原先大规模的墓室，财力和时间都不允许，因此不得不采取权宜之计，在遭到彻底破坏的包公原葬墓与董氏原葬墓的西南方向，开掘一个小型墓室，定做一口棺木，将包公夫妇的遗骸和墓志铭迁葬至此。

包公迁葬墓不在墓群中轴线上，而是在中轴线的西侧，而且是在包绶夫妇墓的西南侧。这种布局当然不符合尊卑有序的规矩，但既然是权宜之计，就顾不得那么多了。

包繶和包绶是兄弟，包繶居长，包绶为次，按照规矩，包繶夫妇墓应该与包绶夫妇墓并排，或者在包绶夫妇墓北侧。而在清理发掘时，包繶夫妇墓居然位于包绶夫妇墓之南，竟然与包绶的嗣子包永年并排，说明在朝代更迭之际，包绶墓很可能也被破坏得相当彻底，后人不得不把它迁葬到一个不合昭穆伦序的墓穴内。

发掘出的墓志铭也可以作为旁证。

包公的墓志铭中记载：“嘉祐癸卯八月癸酉日，葬公于合肥县公城乡公城里。”宋代合肥县公城乡公城里，正是现在的合肥市东郊。嘉祐癸卯是公元 1063 年，这年农历八月，包公被葬在合肥东郊。

夫人董氏墓志铭中记载：“祔于尚书之茔。”这里“尚书”指的就是包公（包公死后被追赠为礼部尚书）。夫人董氏最初安葬，坟墓是紧挨着包公原葬墓的。

此外，长媳崔氏墓志铭、次媳文氏墓志铭、次子包绶墓志铭、长孙包永年墓志铭，均有相关文字，既说明包公子孙之墓与包公墓（先茔）处于同一墓群，又说明子孙之墓的位置要比包公原葬墓卑下。

合肥包公祠

墓志铭有没有可能造假呢？当然有可能。譬如说某地为了发展旅游业，生造出一个孙悟空墓，并在墓室里放了一块记载孙悟空生平功绩、下葬时间和下葬位置的墓志铭……问题是，要想把这块墓志铭造得既符合年代，又符合史籍，还符合常识，那就难了。如果想为一整片墓群造假，造得每一块墓志铭都经得起考古检验，这块墓志铭跟那块墓志铭的内容还不会相互矛盾，那就更难了。按照这个逻辑，合肥包公家族墓群的墓志铭不太可能是伪造的。换句话说，1973 年清理发掘的合肥包公家族墓是最可靠的包公墓所在地，或许现有证据不能提供百分之百的证明，但这些证据要比国内其他包公墓的证据充分得多。

前文还说过，1966 年捣毁的那座包公墓，并不是真正的包公墓，而是包公夫人董氏的原葬墓。人们为什么会把包公夫人的墓当成包公墓呢？最根本的原因是包公墓曾经被破坏和被迁葬，后人只能根据封土的大小来猜测，结果猜错了——迁葬后的包公墓比董氏原葬墓还小，所以导致后人只能来一个张冠李戴。

南宋庆元五年（1199 年），距离金兵最后一次占领合肥近四十年后，南宋官员淮南西路安抚使王补之、庐州教授丁端祖、合肥县令潘友文等人出资重修包公墓。时任淮南西路安抚司干办公事的文人林至写了一篇《庆元重修孝肃包公墓记》，说明了包公原葬墓被战争破坏及包公后人流离四散的经过。但是这些南宋官员仍把董氏原葬墓当成了包公墓，他们为这座包夫人墓添加封土，修建围墙，重立石碑，建造享堂，最后在重修的“包公墓”前，率领麾下官员与合肥士绅祭祀包公……

从南宋庆元五年（1199年）林至重修“包公墓”，到1966年捣毁“包公墓”，以及中间不知道有多少盗墓贼光顾过的“包公墓”，其实都是包公夫人的原葬墓。后人误将包公夫人墓当作包公墓，一直错了七八百年。

有必要补充说明一点，在合肥包公家族墓群中，还有一座假墓，只有封土，没有墓室，就是一个庞大的土堆，只是从外面看上去像坟墓而已。这个土堆位于包公夫妇迁葬墓的西北侧，位于包夫人原葬墓的西南侧，它很可能是包公后人在经历祖先坟墓多次被破坏被盗掘之后，故意堆出来的一座疑冢，用来欺骗盗墓贼。

重修后的包公墓室

巩义包公墓可能是衣冠冢

既然真正的包公墓在合肥，那河南巩义包公墓又是怎么回事呢？

首先可以确定，巩义包公墓也是一座宋代古墓，因为墓侧的石羊、石虎和一根望柱都是宋代遗物。

该墓南侧有一座高大的石碑，上有碑头，下有碑座，碑身上刻着“宋丞相孝肃包公墓”，碑头上有“大清碑记”四个字，说明墓碑不是宋代的，而是清朝人立在那里的。

清朝跟宋朝隔着几百年，立碑前没有进行清理发掘，仅凭地方志上的记载就判定该墓是包公墓，不见得靠谱。

没错，明朝的《巩县志》和清朝的《河南府志》都记载着包公墓在巩义，但《庐州府志》《合肥县志》和南宋官员林至撰写的《庆元重修孝肃包公墓记》还说包公墓在合肥呢！包公墓在合肥的证据更多，也更确凿。

合肥包公家族墓群中，出土了包公及其亲属的墓志铭，出土了与包公年龄相符的男性遗骨；巩义包公墓尚未进行清理发掘，但据 1973 年一个六十多岁的盗墓人供述，他们在 1949 年挖开该墓北侧，向内掘进一丈多深，只发现了砖石、棺木和人骨，没有找到什么值钱的随葬品，只有几颗作为装饰品的珠子。

安徽学者程如峰先生推测，巩义包公墓很可能是包公的衣冠冢。

巩义包公墓距离宋真宗墓大约五百米，距离宋仁宗墓大约五千米。能在那个位置陪葬皇陵的大臣，一般要到宰相的级别，而包公生前最大的官职不过是枢密副使，官阶不到二品，假如真的埋葬在那里，似乎有点不合规矩。举个典型的例子，寇准生前做到宰相，有护帝亲征、匡扶社稷之功，在北宋时的地位、才干和名望都超过包公一大截，但寇准墓距离真宗陵有几千米远，还没有包公墓离真宗墓近。从礼俗上讲，如果巩义寇准墓是真的，那么离真宗墓更近的包公墓就应该是假的。

包公生前深受宋仁宗敬重，包公死后，仁宗亲自登门吊唁，倘若一时冲动，下旨在先帝（宋真宗）陵墓附近为包公修建一座坟墓，并非不可能。但宋代士大夫讲究礼法，朝臣无论忠奸，无论与包公是否交好，必定群起上表，据理力争，劝阻宋仁宗改变主意。在各方责难下，仁宗不得不收回成命，改命包公家属扶柩归葬。真宗陵前那座修好的坟墓也不能荒废，干脆将包公生前的衣物葬入，作为包公的衣冠冢——这是比较合乎逻辑的分析。

当然还有一种可能，巩义这座包公墓连衣冠冢都不是，它也许跟包公没有一点关系，可能是另一个宋朝人的坟墓。

程如峰先生认为，巩义包公墓可能是一座亲王墓，墓主人是宋太宗的第八个儿子赵元俨。赵元俨历经太宗、真宗、仁宗三朝，是太宗的爱子、真宗的御弟、仁宗的皇叔。仁宗亲政时，对这位皇叔礼敬有加。赵元俨活着时仁宗亲自调药问安，死后仁宗诏命范仲淹负责安葬，将其葬于真宗陵墓附近。

附录一：包公世系图

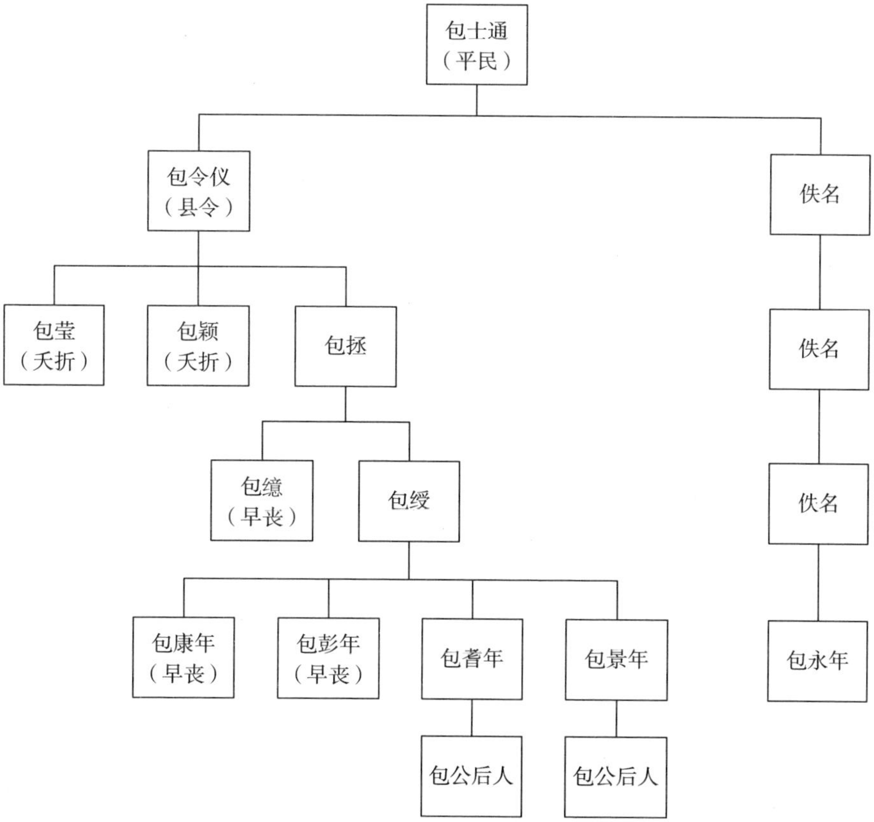
包士通
（平民）
包令仪
（县令）
佚名
包莹
（夭折）
包颖
（夭折）
包拯
佚名
包繶
（早丧）
包绶
佚名
包康年
（早丧）
包彭年
（早丧）
包耆年
包景年
包永年
包公后人
包公后人

附录二：包公年表

时间	年龄	事迹
宋真宗咸平二年（999年）	出生	二月出生于安徽合肥。
宋真宗大中祥符五年（1012年）	十四岁	父亲包令仪做官，任福建惠安知县，随父上任，在后衙读书。
宋仁宗天圣四年（1026年）	二十八岁	去京城开封参加科考。
宋仁宗天圣五年（1027年）	二十九岁	考中进士。本科共录取进士三百七十七名，按成绩分为六等，包公排在第一等。随后参加公务员选拔考试，顺利过关，授大理评事之衔。因为父母年迈，不愿做官，回乡侍奉双亲。
宋仁宗景祐四年（1037年）	三十九岁	闲居十年后复出，任扬州府天长县知县，查办“盗割牛舌案”。
宋仁宗宝元元年（1038年）	四十岁	任扬州府天长县知县。

（续表）

时间	年龄	事迹
宋仁宗宝元二年（1039 年）	四十一岁	任扬州府天长县知县。
宋仁宗康定元年（1040 年）	四十二岁	赴端州任知州。
宋仁宗庆历元年（1041 年）	四十三岁	任端州知州。
宋仁宗庆历二年（1042 年）	四十四岁	从端州离任，居官清廉，不带走一方砚台。
宋仁宗庆历三年（1043 年）	四十五岁	入京为官。先掌管京东排岸司，疏通蔡河。又改任监察御史里行，即见习监察官。
宋仁宗庆历四年（1044 年）	四十六岁	由见习监察官转监察御史，弹劾张若谷、张可久、韦贵等贪贿官员，请求减轻陈州百姓田赋负担。
宋仁宗庆历五年（1045 年）	四十七岁	仍任监察御史，上书《论日食》。八月奉旨出使辽国，腊月方至辽国首都，为辽国皇帝及皇太后拜贺新年。在辽国宾馆“神水馆”告诫随从，见到鬼怪不要声张。
宋仁宗庆历六年（1046 年）	四十八岁	春天从辽国返回开封，汇报出使情形，建议加强对辽国的间谍战。六月出任京东路转运使，成为地方财政官员。
宋仁宗庆历七年（1047 年）	四十九岁	改任陕府西路转运使，在华阴县祭拜神仙。

（续表）

时间	年龄	事迹
宋仁宗庆历八年（1048 年）	五十岁	调任河北路转运使，随后升任三司户部副使，成为中央财政官员。
宋仁宗皇祐元年（1049 年）	五十一岁	奉旨巡视河北财政与军政，建议仁宗改变政策，废除占用民田饲养战马的旧例。又奉旨考察陕西盐法，建议朝廷在陕西境内实行官商互补的食盐专卖方案。
宋仁宗皇祐二年（1050 年）	五十二岁	升任“知谏院”，查办“冒认皇子案”，建议仁宗精心挑选财政官员。
宋仁宗皇祐三年（1051 年）	五十三岁	仍任“知谏院”，弹劾张尧佐、李淑、李昭亮等大臣。长子包繶成婚，娶崔氏女为妻。
宋仁宗皇祐四年（1052 年）	五十四岁	加衔“龙图阁直学士”，出任河北都转运使，又改任高阳关路都部署兼安抚使，掌管河北军政、民政、财政大权。
宋仁宗皇祐五年（1053 年）	五十五岁	长子包繶病故，悲痛万分，请求回合肥养老，遂任庐州知府。
宋仁宗至和元年（1054 年）	五十六岁	仍任庐州知府。舅舅在庐州横行不法，受到严惩，被贬为刑部郎中。
宋仁宗至和二年（1055 年）	五十七岁	因为保举官员不当，被贬为池州知州。

（续表）

时间	年龄	事迹
宋仁宗嘉祐元年（1056年）	五十八岁	从池州知州升任江宁知府。腊月进京，改任开封府尹。
宋仁宗嘉祐二年（1057年）	五十九岁	在开封府任上，查办“章惇通奸案”“欠钱不还案”“醉酒失金案”。纳妾孙氏。
宋仁宗嘉祐三年（1058年）	六十岁	六月改任御史中丞，上书仁宗请立太子，并缩短春节、冬至与清明节假期。次子包绶出生。
宋仁宗嘉祐四年（1059年）	六十一岁	仍任御史中丞，举荐门生张田，弹劾三司使张方平及继任三司使宋祁，随后奉旨代理三司使。遭士兵张玉辱骂，张玉被杀。
宋仁宗嘉祐五年（1060年）	六十二岁	仍代理三司使。
宋仁宗嘉祐六年（1061年）	六十三岁	转正式三司使，继而升任枢密副使。
宋仁宗嘉祐七年（1062年）	六十四岁	在枢密副使任上病逝，宋仁宗亲自祭奠，罢朝一日，赠礼部尚书，谥孝肃。

附录三：包公家族墓志铭

包公家族墓葬群发现于1973年，虽然在考古专家正式发掘前，墓葬早已被盗贼破坏殆尽，但是其中在包公夫妇迁葬墓、长媳崔氏墓、次子包绶墓、次媳文氏墓以及长孙包永年墓里，仍然保存着破坏程度不等的墓志铭。现今将这些墓志铭加上标点，全文抄录，以飨读者。文中“□”代表严重破损、无法辨识的字迹。

（一）包公墓志铭

宋故枢密副使、朝散大夫、给事中、上轻车都尉、东海郡开国侯、食邑一千八百户、食实封四百户、赐紫金鱼袋、赠礼部尚书、谥孝肃包公墓志铭并序。

枢密副使、朝散大夫、左谏议大夫、骑都尉、濮阳县开国子、食邑五百户、赐紫金鱼袋吴奎纂。

朝奉郎、尚书屯田员外郎、知国子监书学兼篆石经、同判登闻鼓院、上骑都尉、赐绯鱼袋杨南仲书。

甥将仕郎、守温州瑞安县令文勋篆盖。

宋有劲正之臣，曰“包公”。始以孝闻于州闾，及仕，从州县累迁于二府，卓立于时，无所屈。提举有明效，其声烈表襮天下人之耳目，虽外夷亦服其重名。朝廷士大夫达于远方学者，皆不以其官称，呼之为“公”。□□□□□□公之薨也，其县邑公乡忠党之士，哭之尽哀。京师吏民，莫不感伤，叹息之声，闻于衢路，若相属也。

公讳拯，字希仁，庐州合肥人。天圣五年进士甲科，初命大理评事，知建昌县。时皇考刑部侍郎家居，皇妣亦高年，乐处乡里，不欲远去，公恳辞为邑，得监和州税。和邻合肥，皇考妣犹不乐行，遣公之官。公□□□□□□□□□□□□□□□□□□□□□□□遂解官终养。积数年，皇考妣继以耆终，公居丧毁瘠甚，庐墓终制。

丧服除，又二年，方调知扬州天长县。有盗割人牛舌者，主来诉。公曰：“第归，杀而鬻之。”寻复有来告私杀牛者，公曰：“何为盗割牛舌？”盗即款伏。

进丞大理，代还，知端州。州岁贡砚，前守率数十倍取之，以其余以遗权贵。公命制者才足贡数。岁满，不持一砚归。

迁殿中丞，还为权度支判官、勾当京东排岸司。裁数月，御史中丞王公拱辰援唐制，乞增置御史里行。遂拜公监察御史里行。未几，改监察御史，建言：国家取士用人不得实；岁赂戎狄非御戎之策，当选将练兵；国任宰相，系时安危，当取天下公议，凡十数事。时边郡有警，乃一例调发禁军。公言：善马精兵，悉出于外，扈卫骁锐为之一空，朝廷忧患恐深。然河朔之民禀气劲悍可用，今河北、河东所籍民兵，以户上下，故多隐匿，如约李抱真之法，以丁力众寡，登降其数而籍之，不及数者即舍之，取其中富实者，出钱谷给籍丁之贫家，则内外治平矣。

遂使契丹国。虏中神水馆之驿舍，传有凶怪，人莫敢居，前此数日有三驺入其间，如有物击之仆地，公径入居之，戒从者："虽有凶怪，毋得言。"至旦，亦无所恐。

为三司户部判官，赐五品服，出为京东路转运使。未几，改工部员外郎、直集贤院、陕府西路转运使。诏许朝觐，既辞。会他路监司有对自求改章服者，上不悦，因传宣曰："包拯任陕西，当得金紫。"亟令赍赐。行次华阴，受服焉。

徙河北路，未行，擢为户部副使。尝奏事，上询及本朝并唐编户多少之数，公退而遍考诸史，具陈历代本末。因言："持政之仁暴，惟在薄赋敛，宽力役，救灾患，慎行三者，则衣食滋殖，黎庶蕃息矣。"上深然之。

皇祐二年，擢天章阁待制、知谏院，数论斥大臣。判亳州、宣徽南院使、建武节度使郭承佑贪暴不法，公力疏褫其宣徽使、南京留守，以散节为许州兵马都部署，典祀明堂，恩迁兵部员外郎。三司使、户部侍郎张尧佐除宣徽南院、淮康军节度、景灵宫、同群牧制置，兼领四使，群议凶凶。公与同列及御史偕上极谏。事未即改，疏复连入。遂罢尧佐宣徽、景灵宫二使。公亟言当以祖业为重，亲连宫掖，不可用为执政之官。上感其忠悬，因定："今后妃之家，不得任二府职事。"又写上魏郑公三疏及条七事，其论辟奥，深补于时。

四年，进龙图阁直学士，复为河北都转运使。前此，尝建言：河北屯兵无事，时用不余，请移屯内地，以省大费。事寝不报。至是，复陈其数，欲诸州才足城守外，屯泊之兵悉俾还营，或散处垒就粮。率三年一代，遇有警急，即时起发，必无后期不及之患。议者复谓："戍兵不可骤损，则可训练。"曩所置义勇十八万，教义勇以秋冬三月番休，按阅补以食粮，岁费不过屯兵一月，用一州之赋，可充乡兵一岁之用，此利害灼然甚明。上意向之，大臣议不合，乃止。

数月，徙高阳关路都部署、安抚使、知瀛州。自讲和契丹，北边为无事，守将以宴嬉馈遗为称职。公选其辞气瑰奇、素习边事，有实材者，委而用之。约其经用，罢公钱贸易，籍一路吏民所逋负，积岁不能偿者十余万，尽奏除之。

以丧子，丐便郡，得知扬州。旋改庐州。公性严毅，有从舅犯法，公挞之，自是亲旧莫不畏服。迁刑部郎中。至和二年，坐保任非其人，降兵部员外郎，知池州。明年，还旧官，徙知江宁府。

俄召归。进右司郎中，权知开封府。府有旧制，凡诉讼，讼牒令知牌司收之于门外，却不得径至廷下，因缘为奸。公才视事，即命罢之。民得自趋至尹前，无复隔阂。有讼贵臣逋物货久不偿者。公批状，俾亟偿。贵臣负势，拒不偿，公当即传贵臣至庭与讼者置对。贵臣窘甚，立偿之。中人有构亭榭盗跨惠民河壖表识者，会有诏书，废壖便河壖庐舍，完复旧坊。中人有言："地契如此"。公命出地契一一审验，有伪增步数者，掘土丈余，得河壖表识，即毁彻。中人自服。遂坐夺官。

尝有二人饮酒，一能，一不能饮，能饮者袖有金数两，恐其醉而遗也，纳诸不能饮者。能饮者醒而索之，不能饮者拒之曰："无之。"金主讼之。诘问，不服。公密遣吏持牒为匿者自通取诸其家。家人谓事觉，即付金于吏。俄而，吏持金至，匿金者大惊，乃伏。

嘉祐三年，除右谏议大夫，权御史中丞兼理检使。公之总风宪，法冠白豸角立，峨然有不可凌之势。其所排击，曲中理实，坏阴邪之机牙，莫敢妄发。至于时事，多所建言：请立皇嗣；条责诸路转运使；提点刑狱以职事，御史府自举属官，谏官御史不避二府荐举之人，待制以上得至执政私第，损休假之日，皆自公发之。理检例为空名，及公领事，有称冤滥沉屈者，咸为理正。

四年，除枢密直学士、权三司使。异时，管利柄之臣，概以丰财为意。公所莅职，常急吏宽民，凡横敛无名之入，多所蠲除。剖析裁量，转虚为盈。军需所用物，预先计度。旧库务所需官物，科于郡县，贾增数倍，靡费称是。

公为置官场和市，民无科调之忧，物无虚直之耗。剑南酒户，岁入宜布四十余万匹，甚患其苛，及罢建河用之物，共十余万。吏员失官缗帛，触罪罟械系，或数十年不能自存，或逃亡远地。其系者公皆释之。与为期以输。率如期至。三部诸司所举吏，承前制多因循冗杂不可用，公悉得当举之官，属官又得自举。

六年，迁给事中，充三司使。数日，迁拜枢密副使。公之举止，以义以正，达于几微，敷奏明辨，娄引大体，裁国论之当否，奏议平允，与人不苟合，不以辞色假于人。正色昌言，时望弥洽。上所倚重。体念备至。

七年五月己未，方视事，疾作以归。上遣使赐良药，辛未，遂以不起闻。车驾幸其第临奠，辍视朝一日。子綖才五岁。上顾见，惨怆久之。谕左右曰："包拯公而忘私，不徼阴幸也"。灵堂置御寺侧，吊赐交至。

公幼则挺然若成人，不为戏狎，长弥勖厉操守，不作私书，绝干请，慎交游，喜读书，无所不览，至于辅世康民，致君立节，可以训臣人之失。公性峭直，立朝刚毅，为国家事，词严气劲，件析明白，闻者莫不竦然服从。

其使契丹，国事已毕，虏于公将还时，尝令典客张宥言雄州新开后门，诱纳亡叛，探刺疆事。公曰："州郡开创门户，无关两朝之事也。

假若雄州欲刺知此事，自有正门，何必侧门耶？今馆伴以此为言，本朝岂尝问涿州开门耶？”虏意沮，不敢复言。

其河北路人户累值灾伤，及公为三司户部副使，每以平时科输，从不厚取于民。或水旱之灾，米价高，民食不足，田租必改动之，裕于民而已。广平两监牧地，占邢、洺、赵三州民田万五千顷，多濒漳水。名为沃壤，公奏请民得自占，岁入得粟六十余万。群牧司复视其事，不报。至是，公亟奏言：“为政，夺民膏腴为不牧之地，非仁厚之意。”诏以还民。

庆历初，范宗杰奏榷解州盐，官自置场，列置县所鬻之。转盐诸郡，吏承其役，破产者不可胜数。兵士逃亡死损，议者皆言其非。诏公往视，且经画之。公请复通商旧法，迄今为便。又奏罢秦陇所科材木数十万，及七州所赋建河竹木亦数十万。公请以宽民恤物为先，委三司专得天下逋负。公承诏，除数十年追胥未入者，总一千二百万。

公虽甚疾恶，至人情不及，推以恕心，故其威严而无苛猛，民人爱之，有君子之风。庐州郡守刘筠为前朝名臣，既没，其嗣亦陨。公少为筠所知，及亲近恳请以筠族孙为其嗣之后，丐还田宅。从之。公言治乱兴衰之迹，与人论辨□□□□□□□□□□□□□□□□□□□□。公守法持正，敢任事责，凛凛然有不可夺之节，盖孔子所谓大臣者欤！前后奏议为十五卷，皆援据古谊，究治时病，明德者之言。

公曾祖讳袭，赠太子少保；曾祖妣□氏，追封荥阳郡太夫人。祖讳士通，赠太子少傅。祖妣宣氏，追封冯翊郡太夫人。皇考讳令仪，赠至太保。皇妣张氏，追封为□阳郡太夫人。初娶张氏，早卒。续娶董氏，封永康郡夫人。子繶，太常寺太祝，先公卒。綖，五岁儿也，天子念公之忠，录綖为太常寺太祝，及官其族子若孙数人。女二：一女适陕州硖石县主簿王向，一女适国子监主簿文效。以公之薨，朝命效为保信军节度推官，俾护丧归。即以嘉祐癸卯八月癸酉日，葬公于合肥县公城乡公城里。

铭曰：□□□□，公□□□，□□□□，德行□躬。竭力于亲，尽瘁于君。峻节高志，凌乎青云。人或曲随，我直其为。人或善容，我抗其辞。自始至终，言行必一。□□□□，□□□□。□□□□，□□□□。□□□□，□□□公。忧国□□，视民哀恫。念虑所至，声乎无穷。维仁能力，维义能果。大奸必摧，不顾细琐。大义□发，每□□□。□□□□，□□□□。□□□□，□□□□。□□□□，□□□止。能大其职，弗克远图。昊天胡啬，维公逝殁。圣主咨嗟，多赐秩物。厚抚其家，都人感怆。及乎□□，为臣□□。□□□□，□□□□。□□□□，万□□□。惟令名之皎洁，与淮水而悠长。

（二）夫人董氏墓志铭

宋故永康郡夫人董氏墓志铭。

朝奉郎、守太常少卿、直龙图阁、知广州军州事、兼管内劝农事、

□□提点□□□公□□□□□□□兵马都钤辖、兼本路安抚管勾经略司公事、轻车都尉、赐紫金鱼袋张田撰。

朝奉郎、守殿中丞、监庐州酒务、骑都尉、赐绯鱼袋钱勰书。

外甥将仕郎、守海州怀仁县令文勋篆盖。

熙宁元年夏四月十有一日，故枢密副使、赠礼部尚书、孝肃包公之妃、永康郡夫人董氏，以疾终，享年六十有八。其年十一月二十有八日，祔于尚书之茔。先期其婿常州团练判官文效状其事，谓田辱孝肃之遇厚，宜为之志。不敢辞，而书云：

董氏之先，源浚流洁，良史著于《春秋》，大儒尊于西汉，厥后文武烜耀，世有显人。至夫人之曾大父希颜，始占数于洺。艺祖有天下，以军功累宁州刺史，大门廷浚，内殿崇班。父浩，鄂州武昌令。夫人早归孝肃公，公初中进士甲科拜棘，平得大邑，以亲不乐去州里，即弃官归养。夫人佐公，承颜主馈，内克尽妇道，外不失族人欢心者，盖十三年。孝肃渐贵，夫人与公终日相对，无声伎珍怪之玩，素风泊然。嘉祐末，仁宗自用孝肃为枢密副使，夫人以恩进永康郡，当入谢，椒涂见未被命服，叹曰："此见包拯不邀阴幸也。"亟白赐之。孝肃薨，夫人扶丧归肥川。已葬，屏居阖廷，肃然若严。官府召老生笃行者，教子于外舍，未尝少假温色，期必能复门户。暇或阅佛书以适性理。包之中外亲，不足者，随宜之，非义相干，一丝不与也。初孝肃薨，有素丑公之正者，甘辞致唁，因丐为之志。夫人谢曰："已诿吴奎矣。"既而谓家人云："彼之文不足罔公而惑后世，不如却之之愈也。”此又识有出人远甚。

二子：长曰繶，早卒；次曰绶，大理评事。二女：一适硖石县主簿王向；一适文效，皆士族佳器。妻崔氏者，□幼卒，且无子，孝肃与夫人意其盛少，将俾还宗。崔闻，泣拜堂下曰：“舅，天下名公也，得□□□□毕身足矣！况污家祠奉蒸尝于先庙之末乎？”由是卒不去。田尝为《崔节妇传》，言之详矣。文效妻尤纯孝，夫人寝疾，与崔未始离席间，药食不亲调不敢进。逮此，哀瘠有不识之者。绶方幼，二人素助母姑，鞠爱之若已出，然虽发于天性，抑亦公夫人教之致欤！

铭曰：孝肃之道，天下不得非。夫人法，孝肃为宜。孝肃以为宜，人其可知。乃妇乃子，渐渍有徽。作兹铭考，实亡愧辞。

南阳张友直、男振，同刻字。

（三）长媳崔氏墓志铭

宋合肥包氏旌表门闾、故永嘉郡君崔节妇墓志铭并序。

□□翰林学士、左朝议大夫、知制诰兼侍读、上柱国、会稽郡开国侯、食邑一千一百户，赐紫金鱼袋钱勰撰。

朝奉郎、充集贤殿修撰、权管勾西京留司、御史台、骑都尉，赐紫金鱼袋文及甫书。

承议郎、充福建路转运判官、飞骑尉、赐绯鱼袋文勋篆盖。

节妇，淮阳崔氏妇，年十有九，嫁为枢密副使包孝肃公长子太常寺太祝妻，二年而寡。有一子，文辅，守将作监主簿，五岁卒。初，哭昼也，舅姑以其妙龄，俾左右询其意。节妇即蓬首雨泣，以死自誓，遂尽志于孝养。孝肃晚得幼子绶，其母出，节妇慈养之如己。孝肃薨，侍姑夫人归合肥，节妇母吕氏，故相文穆公之家，时其除服也，至自荆南，曰："今荆州吾兄龙图之子，年三十，为信州幕，其人足依也，吾已许以汝为妇，必往无疑。"妇与返复曰："母不谅乎！傥欲嫁者，不俟今也！"母曰："夫死守子，子死何待？"节妇曰："舅丧姑老，有小郎，如儿子，其门户待我而立。"母怒，迫胁之甚力。又曰："吾老，数千里而来，使我独归乎？"节妇曰："送母省舅，犹之可也。"悉留其橐装而行，姑及里人，犹不之信。节妇曰："苟不如志，即以尸还包氏。"至荆，见其舅，义之，亦不逼也。及还，姑夫人请于朝，特封寿安县君。知庐州事张田公载，豪士也，为著节妇传，元初，州以状闻，有诏旌表门闾，特封永嘉郡君，其制曰："使我嘉祐名臣之后，有立于世，惟尔之功。"当姑夫人捐馆舍时，绶犹童孩，节妇迎师教导之，以至成人。为择取良妇，又艰关求访，得其所生。绶事节妇如母，复为立族子永年，为祝史嗣。因绘像恩官，假承务郎、调无为军巢县主簿。噫！终始之节备矣，节妇以绍圣元年七月戊申卒。享年六十有二。孙男一人，女二人。绶今为国子监丞，将以明年十月甲子合葬于庐州合肥县公城乡公城里先茔之次。□永年传来丐铭。

铭曰：少寡自誓，□□□□。诗于国风，世固无有。□□□□，□□□□。如烈丈夫，呜呼节妇。

（四）次子包绶墓志铭

宋朝奉郎、通判潭州军州事，赐绯鱼袋包公墓志铭。

中奉大夫、提举兖州岱岳观、咸阳县开国男、食邑三百户，赐紫金鱼袋□休撰。

朝散大夫、提点成都府玉清宫王磐书。

朝散郎、前提点筠州妙真宫宋□篆盖。

公姓包氏，讳绶，字君航，世居合肥。故赠太子少傅讳士通之曾孙，故任虞部员外郎赠太保讳令仪之孙，故枢密副使赠开府仪同三司谥曰孝肃讳拯之子。孝肃学富才超，中天圣甲科，早以孝行著乡里，终以直节闻□□□□为天下归重。子二人：长先卒，公其次也。嘉祐中，孝肃公薨，天子录元臣之功，奠于其家，公方五岁而孤，天子闵然，以遗表授公将仕郎、守太常寺太祝，俾承其胄，而以不绝功臣之世为念。服除，加承奉郎，覃恩转大理评事。未几，以丁母郡太夫人忧，居丧尽孝，毕葬成礼，乡闾为之叹伏。服除，又加承事郎，初调官任濠州团练判官，公事郡守严毅，僚属畏惮。公下车奉公守法，倬有盛誉，守爱重之，遂不以势位自居，凡议事必咨公而后决。事有不可行，公则毅然面折，不苟从。其有补于郡事，不可一二数。秩满解官，人称廉洁，思惠爱，异口一辞。再以覃恩转宣义郎，赐绯鱼，授少府监丞。公夙夜尽心，裁判有序，若素宦于朝者。当涂巨公，剡书称荐，不求自至。咸曰："名臣之后，得是举，宜矣！"迁国子监丞，公一提按，典籍遍举。复视公厨，饮食苟且，积弊为甚。一日，发其事而正之，诸吏肃然，弊亦顿革。磨勘转宣德郎，移将作监丞，营缮事，伙而领之，以勤济应期办事，为当时称。旋除通判瀛州，以家贫累重，丐免其行。复以通直郎授少府监丞，视事不异前日。年余，丁所生母孙氏太室忧，公归乡居丧，杜门诲子弟，家虽贫而无一毫有干于乡里，至有未尝识公之面目者。服除，授通判汝州，磨勘转奉议郎。加武骑尉，又以覃恩转承议郎。方位汝阳，寇贼为民害，公视事未几，闻公之清德，往往皆化而为良民，是必有以服人者。汝人正以得公为幸，岁余，受代，州人扶老携幼，争先出郊而饯之，且拜而言曰："请公善归，台阁今待公矣！"逮至阙下，监进奏院，磨勘转朝奉郎，加云骑尉，复出通判潭州。舟而行，距黄州十余里，感疾逾旬，寝车怡然而逝，时崇宁四年十一月初七日也。公既终，发遗箧，诰轴著述外，曾无毫发所积为后日计者，益知公生平清苦守节，廉白是务，遗外声利，罕有伦比。孝肃以清白劲正光于青史，公可谓能克家者。孝肃之风，至于公而益炽也。公有寡嫂崔氏，素以节义闻，公以母礼事之。及其亡也，不远千里，助成丧事。崔氏有子，相与义居，至于终无异意。公初娶职方员外郎张公田之女，县封南阳，再娶故相太师潞国公之女文氏，县封蓬莱，皆先公而卒。公两娶贵家，视荣耀如蚊虻过目。尝率文氏，受上清法，洒然有方外趣。甫自童稚，御事有法。不喜苟佞，取友必端。博极群书，罔不通悟。壮年远仕，蔚有能声。所至民爱，所去民思。历官数任，卒乎位卑而不获骋，议者为公起淹回之叹，而公以命自处，盖恬然也，公享年四十八。子男四人：曰康年，曰耆年，曰彭年，曰景年，力求进身计。女三人：长早夭，次适提点刑狱张公之子，幼亦不育。公之亡也，自士大夫至于穷闾陋巷之间，无问其识与不识，悉能道公之姓氏，相与咨嗟曰："善人去世，良可哀也。"其子耆年、景年，以政和丙申十二月庚申日，用葬公于合肥县公城乡东村，实先茔之次。

铭曰：泣血履不移，此道寥寥，克之其谁？公有遗迹，施于史册。盖嗣厥家，而传清白。弗累于位，弗志于利。终焉益贫，中也奚愧？德则罔愆，寿亦宜永。而已于斯，犹不得骋。淮水悠兮！淮山□兮！□绪长存，铭诗墓□。

（五）次媳文氏墓志铭

宋故蓬莱县君文氏墓志铭。

奉议郎致仕、赐绯鱼袋王撰。

新授临江军、新淦县丞张忠思书并篆盖。

蓬莱县君文氏，世为河东汾州人，河东节度使守太师潞国公讳彦博之季女，今朝奉郎包公名绶之夫人也。天圣初，夫人王父，赠太师尚书令兼中书令讳□，与朝奉公王父，赠太保讳令仪，同官阁中，时潞国公与皇舅枢密副使孝肃公讳拯，方业进士，相友甚厚。未几，同登天圣五年甲科。逮嘉祐间，继以才猷，直至参知政事，而包氏、文氏，仕契亦再世矣。尝愿相与姻缔，故以夫人归焉。夫人幼淑敏，事亲以孝闻。既归朝奉公，虽不及□□舅姑而□□□□□朝奉公先娶直龙图阁张公讳田之女，生子□，夫人鞠养成，视之与己子不异，待亲族和而有礼，蓄妾媵正而有仁，喜于周急，于财无所吝，薄于自奉，于物无所玩，以奉祭祀则勤，以相君子则且宜，由是闺门雍肃，而上下顺从。初，潞国公以将相之才，佐命天子，而孝肃公又以嘉言直道，显名天下，皆为当世荣耀。夫人虽兼而有之，曾不以是自居，未尝有矜大色也。赋性寡俗，尤□□□□□常下茹荤，以清静自将，行之终身不少懈，以朝奉公封蓬莱县君。崇宁元年正月庚申卒于京师，享年三十□。子男四人：松年、耆年、彭年、景年，皆习进士。女二人：长适国学生□□先夫人而卒，次尚幼。以崇宁二年十二月庚申，卜葬于庐州合肥县公城乡东村。

铭曰：舅姑早世，孝不克施。以正承家，闺门是宜。鞠养幼稚，贤哉母职。逮于诜诜，德其均一。禀性之良，宜寿而昌，命期不长，□□□伤。

（六）长孙包永年墓志铭

宋宣教郎、知鄂州崇阳县事包公墓志铭并叙。

宣教郎、新授江州司录事牛际可撰。

宣教郎、新差知宣州宣城县管句学事、管句劝农公事冯若德书。

修职郎、新授信州玉山县尉、管句学事马清臣篆。

宣和二年四月十一日，宣教郎、知鄂州崇阳县事包公，以疾终于家。其弟耆年、景年，卜以是岁七月十一日，奉公之丧，归葬于合肥县公城乡东村祖茔之次。

公讳永年，字延之，世为庐州合肥人。曾祖讳令仪，故任虞部员外郎，累赠太保。祖讳拯，枢密副使，累赠开府仪同三司，赐谥孝肃。父讳繶，故太常寺太祝。包氏世有显闻，实自孝肃公始。元丰天子念孝肃忠烈，当追荣无穷。诏登绘像，春秋从享，俾若嗣若孙，加以恩赉。于是公之叔朝奉（指包绶），上章沥恳乞官其侄。朝廷喜，从所请。粤七年，公受命未仕。元祐七年，始试法预选。初调官无为军巢县主簿。将行，丁母节妇太室忧，杜门终丧，哀毁尽礼，乡闾称其孝。服除，任开封府咸平县主簿。咸平，剧邑也，公至邑，廉勤自守，蔚有政声，吏民爱思。久之，建中靖国改元，授袁州分宜县尉。在分宜，会与邑宰论事不协，以故毅然解秩退休，凡阅岁有六。大观二年，复调官授将仕郎，试处州遂昌县令。才一考，丁所生母萧氏忧。萧氏自公幼稚出从人，义不能夺。公既长，萧氏夫亦亡。公乃恳切请归，朝昏侍奉，益敦子职。逮萧氏去世，公居丧如礼。服再阕。政和二年，用荐者改通仕郎，任金州司工曹事。公到任，同曹事有不决者，皆画谋于公。则知公之材能设施，固不在人下。岁满，州人愿留公不可得，攀辕翳道，相与瞻望叹嗟，咸曰："包公之后，信乎有是贤孙也。”八年，改宣教郎，知鄂州崇阳县事，礼上之明年，以疾告朝假归治，已而果不起疾。公享年五十有一。初娶朝请郎致仕、累赠朝议大夫李公庭玉之女，再娶宣教郎、知凤翔府县事成公抗之女，晚又娶吏部林公邵之女，林氏亦先公早卒。子一人，曰完，尚幼。女三人：长适同郡俊士赖持正，即故亳州县主簿扩之侄也。次适无为军庐江县俊士文贯。二婿皆以才行称于时。余一女，尚幼。公天资谨畏，乐善好学。视荣贵如□□者。故凡厥莅官临事，廉清不扰，而孝肃公之遗风余烈犹在也。公早孤，奉母至孝，先是母崔氏发节义□朝廷旌表，妇训姆则，畀于其家，则知公之行谊，禀绍有自矣。朝奉有子：曰康年，曰耆年，曰彭年，曰景年。□□□□□□□□□□□□□□□□□为学校上游，抑公率励之力也欤！惜乎康年、彭年，不幸未禄而卒。公之既亡，发所私，了无遗蓄。故丧葬之具，皆公二弟力营之。于是益知公生平刻苦，自筮仕以迄于终，曾无贪求苟得于下也如此。噫！其行已大节，可谓贤于人远矣！是宜有铭，以彰其德云。

铭曰：孝以奉亲，义以检身。不苟于得，不戚于贫。凡厥莅官，罔替祖烈。所至民誉，曰贤之杰。德则克全，寿胡弗腆。唯善有福，没也□显。

后 记

以前有一档非常火爆的文化节目，每期邀请一位学者或者大学讲师，在电视上给观众讲课。讲什么内容呢？主要是历史、诗词、古董、戏剧。比如，《史记》里的战争，《水浒传》里的法制，《西游记》中孙悟空的原型，诸如此类，内容很丰富，视角很新颖，讲述很风趣，在国内创造了极高的收视率。

节目火了一段时间，慢慢冷下来了，因为总是那几张熟面孔站在台上讲，观众产生了审美疲劳。这时候，节目组开始发掘比较新鲜的主讲人，并且碰巧遇到了我。一个编导对我说："你是开封人，开封有个包青天，你就上我们节目试讲一下包青天的故事吧。"

我兴奋极了，于是马上准备讲课材料。我把书店和图书馆里与包青天有关的书籍搬回家，开始一本一本地研读，然后又从《全宋笔记》中抄录相关的文献，做成一个便于查阅和比对的数据库。这番前期工作整整花了我两年时间。两年后，我胸有成竹地给编导打电话报喜，说自己终于有把握去讲包青天了，编导却遗憾地告诉我——他们节目组换了制片人，原定的包青天选题也交给了其他主讲人……

这是一次不太愉快的经历，但我并不觉得吃了亏，因为多读几本书总是好的，多研究历史总是好的。如果不是那档节目的吸引力，我恐怕不会花那么多精力去研究包青天，进而也不会写出今天这本书。

早在我着手研究包青天之前，就有好几位学者在这个领域做出了卓有建树的贡献。我当时的研究正是建立在前辈学者的研究基础之上，大家看到的这本小书也同样汲取了前辈学者的许多研究成果。请允许我在这里对这些前辈学者表示感谢，他们分别是：合肥市文物处副研究员程如峰先生、开封市包公研究会副会长李良学先生、安徽师范大学历史系教授杨国宜先生、北京联合大学应用文理学院院长孔繁敏先生，以及南开大学文学院教授鲁德才先生。

我还要感谢为这本书提供插图的几位好友，如热心读者刘东伟先生、黎萍小姐、梁弘小姐。最后特别感谢开封府景区刘天增经理仗义相助，本书中将近三分之二的精美插图是通过他的协助而获得的。